IA et fake news

Sommes-nous condamnés à la désinformation ?

Dans la même collection

Aude Kerivel, *Protéger l'enfance* (2024).

Julie Martinez

IA et fake news

Sommes-nous condamnés à la désinformation ?

Flammarion

ISBN : 978-2-0804-6375-3

Préface

La collection que nous inaugurons aujourd'hui s'inscrit dans l'ambition du mouvement que j'ai lancé, France Positive, d'animer le débat en France sur les enjeux de fond auxquels nous sommes confrontés.

En juin 2024, tous les partis politiques ont dû improviser des programmes pour des élections auxquelles ils ne s'attendaient pas. Preuve qu'ils ne remplissent pas leur mission première : préparer des projets sérieux et réfléchis pour le pays.

Trop d'attention est mise sur les compétitions de personnes. Trop peu sur les débats d'idées. C'est l'ambition de France Positive, et de cette collection, que d'en susciter ; en publiant des livres brefs, pédagogiques, des outils de pensée et non des instruments de propagande, sur des thèmes qui devraient être au centre des débats publics.

Notre ambition est d'en publier une dizaine par an. Et d'en faire les thèmes de colloques qui viendront nourrir une réflexion globale et permettre de préparer une analyse du monde et du pays, ainsi qu'un programme transpartisan, solidement argumenté, à la disposition de tous les partis qui voudront bien être plus que des écuries de candidats.

Le livre de Julie Martinez, avocate internationale et directrice générale de France Positive, pose parfaitement clairement les termes du grand débat sur la façon dont l'opinion est manipulée par les fake news et sur ce que nous pouvons faire pour éviter ce grand danger pour notre démocratie.

Nous verrons que les menaces sont immenses, que les solutions sont difficiles et le seront de plus en plus en raison des évolutions vertigineuses que l'on peut attendre de la technologie, en particulier de l'intelligence artificielle, dont Julie Martinez est une experte reconnue.

Jacques Attali

Introduction :

L'IA, ARME SECRÈTE DES FAKE NEWS

« La démocratie ne peut pas davantage se passer de la vérité qu'elle ne peut se passer du peuple. »

Françoise Seligmann

Comment vivre dans un monde où vous n'êtes plus en mesure de savoir si, lorsque vous scrollez sur votre téléphone au réveil, écoutez la radio le matin ou lisez le journal, l'information que l'on vous communique est vraie ou non ? Comment prendre la moindre décision quotidienne, financière, sociale, voire démocratique, si des idéologues, des puissances ennemies ou des forces commerciales aidés par l'intelligence artificielle (IA) générative* ont mis la main sur la véracité des informations nécessaires à cette prise de décision ?

* Les termes suivis d'un astérisque sont définis dans un Glossaire en fin d'ouvrage.

Se soigner, trouver une destination de vacances, voter pour un candidat à une élection… autant de choix basés sur des informations clefs qui, demain, seront susceptibles d'être manipulées par des algorithmes surpuissants. Des acteurs malintentionnés pourront les détourner au gré de leurs envies afin d'orienter votre choix, de susciter votre colère, votre inquiétude, votre frustration, et d'empêcher une prise de décision rationnelle. Irréel, délirant ? Non. Nous y sommes depuis longtemps et les nouvelles technologies aggravent cette réalité.

Quelques exemples sont particulièrement révélateurs. Ainsi de la question apparemment banale : comment se soigner ? Pendant la crise du Covid elle n'avait rien d'anodin et, du 1er septembre 2020 au 25 janvier 2021, 19 762 messages en français sur le Covid liés à des controverses et fausses informations ont été étudiés parmi des millions de mentions du terme « Covid » sur les forums, blogs et réseaux sociaux[1]. Une étude a permis de distinguer 35 infox particulièrement partagées sur le web et les réseaux sociaux durant cette période. Parmi elles, les fake news sur les prétendus effets des vaccins à ARNm sur l'ADN humain représentaient, à elles seules, près de 34 % des messages étudiés, ce qui en a fait les fake news les plus partagées à propos des vaccins anti-Covid.

Choisir une destination de vacances ? Les punaises de lit ont défrayé la chronique à la fin de l'année 2023 avec une inquiétude certaine pour les retombées sur le tourisme français à l'approche des Jeux Olympiques de Paris. De nombreux journaux étrangers titraient ainsi leurs articles : « Paris, ville Lumière ou ville des morsures ? » (*The New York Times*), ou bien encore : « En France, les gens ne dormiront peut-être plus jamais bien, alors qu'une vague de punaises de lit continue de piquer » (*Metro UK*). Ce qui s'avère avoir été une série de fake news majoritairement commanditées et amplifiées par Moscou a eu un véritable impact sur les Français, et plus particulièrement sur le tourisme en France : un vol Paris-New York d'Air France a même été annulé en octobre 2023 pour suspicion de présence à bord de punaises de lit… ce qu'Air France a rapidement dénoncé comme une fausse alerte auprès de l'AFP.

Voter pour un candidat à une élection, pour finir ? Le Brexit, l'élection présidentielle américaine de 2016, la croissance électorale du parti d'extrême droite Alternative Für Deutschland lors des dernières élections allemandes ou encore, bien plus récemment, la défaite en octobre 2023 du candidat Michal Šimečka, leader du parti Slovaquie progressiste : ces élections ou décisions démocratiques ont toutes pour point commun d'avoir été impactées massivement par des campagnes de fake news, amplifiées par les réseaux sociaux.

On pourrait se dire qu'après tout ce n'est qu'anecdotique.

Le problème n'est pas là, le danger des fake news est bien réel. Elles sont une arme puissante contre la démocratie elle-même, notamment par leur capacité à éroder la confiance des citoyens dans le système démocratique et les institutions, mettant ainsi à mal le pacte fondamental garant de la stabilité démocratique.

De quoi les fake news sont-elles le nom ?

L'expression « fake news » s'est imposée dans le lexique contemporain à la suite de l'élection présidentielle américaine de 2016. Le dictionnaire Collins l'a consacrée « mot de l'année » en 2017[2]. Les premières études sur les fake news les ont définies comme des contenus médiatiques particuliers, au même titre que pouvaient l'être, depuis longtemps, la propagande d'actualités ou la satire politique[3]. Aujourd'hui, les fake news désignent toutes les publications virales sur les réseaux sociaux fondées sur des récits fictifs construits pour tromper autrui. L'Ethical Journalism Network[4] les définit comme des « informations délibérément fabriquées et diffusées dans le but de tromper et d'induire les autres en erreur ».

Dans l'expression « fake news », ou « fausses informations » / « fausses nouvelles » en français, deux termes clefs s'entrecroisent. Le terme « nouvelles », dans ce contexte, renvoie aux informations ayant un impact suffisamment important pour qu'elles soient rapportées au grand public, par exemple par des journalistes. Quant à l'adjectif « faux », c'est évidemment « ce qui est contraire à ce qui est vrai, qui comporte une erreur, qui manque de justesse, de logique, ou qui n'est pas justifié par les faits[5] ». L'adjectif « faux » peut être utilisé de manière interchangeable avec « inexact », « mensonger », « frauduleux » ou « factice »[6]. Selon cette définition, on pourrait ainsi déterminer si une information est fausse ou réelle en fonction du degré auquel elle s'appuie sur des faits. Cet angle comporte cependant un risque fondamental. En effet, la parodie, qui détourne avec humour un fait, ou la satire, qui s'appuie sur des événements réels mais utilise l'humour et l'exagération plutôt que des faits objectifs pour décrire ces événements, seraient injustement considérées comme des fake news. La grande différence est que les fake news se distinguent par leur caractère *délibérément* trompeur.

Contrairement à la parodie ou à la satire, qui étirent les limites de la dissidence et renforcent l'exercice démocratique en rappelant la pluralité des voix du collège électoral, les fake news sortent de ces limites, détournent ces voix pour saper le jeu démocratique. Alors qu'à son origine Internet et, par extension, les réseaux sociaux, ont été conçus et défendus comme des outils capables de revitaliser et de redonner du pouvoir aux citoyens[7], comment les fake news sont-elles devenues une telle menace pour notre démocratie ?

Pendant le Printemps arabe, par exemple – cette vague de contestations antigouvernementales, de soulèvements populaires et de révoltes armées contre des régimes autoritaires qui ont vu le jour en Afrique du Nord et au Moyen-Orient à la fin de 2010 –, les réseaux sociaux ont favorisé la mise en relation et l'échange entre différents protagonistes de ces mouvements contestataires. Internet, grâce à une circulation plus fluide, plus rapide et plus large de l'information, a en effet permis aux utilisateurs de s'exprimer de manière plus éclairée et plus informée. Mais force est de constater qu'aujourd'hui Internet et les réseaux sociaux sont devenus une menace tangible pour notre système démocratique en propageant la haine en ligne, le cyberharcèlement, la pédopornographie et, surtout, les fameuses fake news. Ces fléaux ont pris une ampleur considérable, mettant en péril les fondements mêmes de notre système démocratique.

L'arrivée récente sur le marché de grands modèles d'IA générative démultiplie ce phénomène. Avec l'IA, les fake news se propagent en effet plus rapidement, de manière plus massive et seront de plus en plus sophistiquées, combinant texte, son et vidéo pour tromper tous les sens. Comment alors lutter contre la désinformation sans glisser vers une définition vécue comme arbitraire et unilatérale du *vrai* ? Comment combattre les fake news sans tomber dans leurs filets ? C'est peut-être là qu'elles sont le plus dangereuses, le plus insidieuses : en renversant la charge de la preuve, en prenant le risque que les institutions de régulation soient perçues comme des bureaux de la Pravda, les fake news contraignent à une définition unique de la vérité, qui, *in fine*, dessert la légitimité de cette dernière en renforçant la méfiance des plus sceptiques.

Évidemment, si vous lisez cet ouvrage, c'est que vous vous sentez déjà concerné par le sujet. Toutefois, la connaissance ne protège pas systématiquement contre le risque de donner du crédit à des informations erronées. Ces dernières peuvent s'immiscer dans notre esprit en tirant parti de notre manque de vigilance, de notre distraction ou même, il faut bien l'avouer, d'une certaine forme de paresse intellectuelle.

Des solutions existent, elles nécessitent que nous placions une plus grande confiance dans l'éducation et la formation du public et que nous assumions une plus grande méfiance à l'égard des solutions d'autorégulation des plateformes en la matière.

Car non, nous ne sommes pas collectivement condamnés à la désinformation. Il nous faut cependant réagir, et vite.

Le règne de la désinformation

Les fake news : cancer de la société moderne

Si les fake news alimentées par l'IA ne sont pas responsables, à elles seules, de la crise que connaît notre démocratie, elles pourraient bien être l'arme qui lui porte un coup fatal.

Le phénomène des fausses informations s'inscrit dans une longue tradition historique de travestissement de la vérité à visée politique, idéologique ou religieuse. Il est indéniable que l'impact de ces informations fallacieuses sur la société moderne ainsi que l'ampleur et la rapidité de leur propagation revêtent des dimensions particulièrement préoccupantes à notre époque, mais la désinformation n'est pas récente, elle a toujours été utilisée à des fins d'affaiblissement politique interne et externe.

Ces maux peuvent être retracés jusqu'à la Haute Antiquité, d'abord avec Apaté, déesse grecque de la duperie et du mensonge, arrivée sur terre par la boîte de Pandore comme l'un des plus grands maux de l'humanité[1]. Dans *L'Art de la guerre*[2], rédigé au IVe siècle avant notre ère, le stratège chinois Sun Tzu dévoile pour sa part avec finesse les subtilités de la tromperie envers l'adversaire : il recommande de « simuler » l'infériorité et de « feindre » le désordre.

Au XVe siècle, l'invention de l'imprimerie a marqué un tournant décisif dans la propagation de l'information et de son corollaire négatif, la désinformation. Cette invention, couplée aux améliorations successives des techniques d'impression au cours des XVIIIe et XIXe siècles, a permis une diffusion de l'information à une échelle sans précédent[3]. Cette capacité accrue à diffuser l'information a également ouvert la voie à la propagation de l'exagération et des mensonges.

Les *paragraph men*, qui ont émergé au XVIIIe siècle dans la société anglaise, sont un exemple fascinant de la manière dont la désinformation a pu être exploitée à des fins lucratives. Ces individus, souvent des journalistes ou des écrivains, étaient engagés pour rédiger et diffuser des informations trompeuses ou fausses, généralement dans le but de manipuler l'opinion publique ou de discréditer des individus ou des groupes spécifiques. Ils inséraient leurs fausses informations sous forme de paragraphes dans des articles existants, de manière qu'elles semblent faire partie intégrante du texte original.

Le libelle[4], quant à lui, était au XVIIIe siècle un document de taille modeste qui se propageait de manière clandestine et rapide, à la manière d'une capsule toxique transmise de la main à la main, avant d'être distribué dans l'un des nombreux cafés de la capitale ou au Palais Royal. Le tweet artisanal du XVIIIe siècle, en somme. Son impression pouvait se faire sur une presse clandestine ou à l'étranger – les Anglais étaient particulièrement friands de l'émission de ces fausses informations à l'encontre des Français. Il circulait par des moyens de contrebande, parfois même glissé par des valets dans les voitures de personnages importants peu susceptibles d'être fouillés aux postes d'octroi. Ces fake news politiques relayées par libelles ont par exemple contribué à façonner l'image négative de Marie-Antoinette auprès du peuple français, en la dépeignant comme une femme frivole, dépensière et insensible aux souffrances de la population. Cette désinformation a alimenté la colère et la haine populaire envers la reine. À lire le grand historien américain de la France du XVIIIe siècle, Robert Darnton, la guerre contre la désinformation à cette époque était déjà un effort *sans fin*.

C'est à notre époque que l'impact des fake news prend une dimension incomparable. Avec la révolution numérique, les canaux de diffusion de l'information se sont multipliés, favorisant une circulation sans précédent des idées, des faits, mais aussi des contre-vérités. La prolifération des plateformes médiatiques, couplée à l'essor des réseaux sociaux, a créé un terrain propice à la dissémination virale de contenus non vérifiés ou sciemment altérés. La vitesse de cette propagation est sans commune mesure avec les moyens de communication d'antan, rendant la tâche de détection du vrai et du faux d'autant plus ardue pour le citoyen.

Quels mécanismes permettent aujourd'hui l'essor de cette désinformation massive ?

Les bulles de filtres

À l'ère des réseaux sociaux, les fake news ont trouvé leur terreau le plus fertile dans les algorithmes voraces qui enferment les individus dans ce que l'on appelle des « bulles de filtres ». Ces bulles isolent les utilisateurs des réseaux sociaux de toute perspective divergente et deviennent des échos de nos propres préjugés, amplifiant nos peurs et nos colères, alimentant ainsi la polarisation de la société.

Ces mêmes bulles, façonnées par des algorithmes de plus en plus sophistiqués, filtrent l'information qui parvient à chaque utilisateur en fonction de ses préférences antérieures, de ses interactions et de ses comportements numériques. La logique sous-jacente est celle de la personnalisation extrême de l'expérience en ligne. Les plateformes numériques, dans leur quête d'engagement et de rétention des utilisateurs, tendent à présenter des contenus conformes aux convictions et intérêts préexistants de ces derniers, créant ainsi un miroir déformant de la réalité, où l'information n'est pas tant découverte que renforcée.

À titre d'exemple, la préférence pour les chats plutôt que les chiens se traduit par une propension à « aimer » davantage les photographies de chats que de chiens sur les plateformes telles qu'Instagram. L'algorithme, observateur silencieux de nos choix, apprend et s'adapte en conséquence, limitant progressivement notre exposition à un univers iconographique peuplé exclusivement de chats. Cette logique d'adaptation algorithmique, si elle se manifeste de manière anodine dans le domaine des préférences animales, trouve également son application dans le champ bien plus complexe et délicat des opinions politiques, donnant naissance à l'illusion d'une homogénéité de pensée au sein de notre entourage numérique. Cet effet sur notre perception, bien qu'éloigné de la manipulation délibérée, n'en demeure pas moins une forme de conditionnement subtil, où les frontières de notre monde sont redessinées pour épouser les contours de nos préjugés et préférences. Les réseaux sociaux exploitent cette dynamique à travers des stratégies d'« hyperciblage », affinant leur capacité à dispenser des contenus hautement personnalisés à des segments d'audience précisément définis – toujours à des fins commerciales. La structure même de ces bulles de filtres a donc été conçue pour suivre un modèle très précis de conditionnement, que ses créateurs ne peuvent ignorer.

Un autre modèle, par exemple, aurait pu consister à créer des algorithmes nous permettant d'être exposés à des opinions contraires aux nôtres – ce n'est pas le choix qui a été fait et c'est bien un choix, ou, à tout le moins, un impensé.

Les fausses informations prospèrent dans ces bulles de filtres comme en chambre d'écho, jouant sur la polarisation et l'émotion, éléments qui favorisent leur viralité. Constamment exposés à des informations qui confirment leurs croyances, les utilisateurs deviennent plus vulnérables aux fausses nouvelles qui semblent corroborer leur vision du monde. La confrontation avec des perspectives divergentes s'amenuise et avec elle la possibilité d'un débat public éclairé et constructif.

Avec ce mécanisme des bulles de filtres, ce n'est pas seulement notre perception de la réalité qui est altérée. Les fake news ont également infiltré les tréfonds de nos émotions, manipulant habilement nos craintes et exploitant nos instincts les plus primaires. Ainsi, les réseaux sociaux, a priori symboles de connexion et de libre expression, sont devenus des arènes virtuelles fermées, où la vérité est sacrifiée au profit de la popularité et du sensationnalisme.

La manipulation massive des émotions en temps réel

La manipulation des émotions est un ressort essentiel de la propagation de la désinformation. Une étude[5] montre que les titres et contenus des fake news font particulièrement appel aux émotions : les titres des articles relayant des fausses informations se caractérisent en effet par une charge émotionnelle significativement plus marquée et une moindre neutralité affective que ceux des articles de presse avérés. Ils constituent par là même un vecteur de persuasion public significatif. Tout comme les bulles de filtre se sont inspirées du marketing et du monde de la consommation, les fausses informations appliquent les techniques de marketing et de communication les plus répandues, qui se répartissent grossièrement entre les appels à la rationalité et les appels à l'émotion[6]. Un message empreint d'une charge émotionnelle significative facilite l'assimilation de l'information selon divers mécanismes (moins d'informations à digérer et accroissement du niveau d'attention). Un appel émotionnel peut donc s'avérer plus persuasif qu'un message axé sur la rationalité, qui ne vise qu'à informer le consommateur par le biais d'énoncés factuels, d'autant plus que la majorité des liens partagés sur les réseaux sociaux ne font l'objet d'aucun clic, les utilisateurs se contentant de lire les titres[7].

Cette étude démontre aussi que le contenu des fausses informations se distingue par une prédominance de tonalités « répugnantes » et « colériques » et une moindre présence de tonalités « joyeuses ». Cette orientation négative des messages est un moyen d'attirer l'attention du public et de faciliter la mémorisation. C'est pourquoi les fausses informations sont souvent « sensationnelles ».

Cette caractéristique des fake news les rend particulièrement impactantes dans le champ politique, où la colère et la peur ont toujours été des leviers puissants utilisés pour mobiliser les foules. De manière plus générale, les émotions y ont toujours joué un rôle central. Ces émotions, bien que naturelles et universelles, sont attisées et manipulées pour servir des intérêts particuliers, des finalités dévoyées.

À la peur et à la colère s'est progressivement ajoutée l'impatience. Depuis le début du

XXIe siècle, nos interactions et nos émotions ont subi une transformation radicale, en grande partie due à l'émergence et à la prolifération des réseaux sociaux et des algorithmes, qui ont largement répandu l'impératif d'instantanéité. Ces plateformes ont de ce point de vue non seulement modifié notre façon de communiquer, mais également influencé notre perception de la politique, nos émotions et notre comportement en tant qu'électeurs.

Les géants de la technologie, tels que Google, Amazon, Facebook, Apple et Microsoft, nous ont habitués à obtenir tout ce que nous voulons quand nous le voulons. Or cette impatience s'est infiltrée jusque dans notre approche de la politique. Nous attendons collectivement des réactions et actions immédiates de nos représentants politiques, des résultats et solutions instantanés à des problèmes pourtant complexes – nous sommes tout simplement de moins en moins disposés à attendre. Parallèlement à cette impatience, nous ne pouvons nier une montée de l'égocentrisme ainsi que la radicalisation monstrueuse de l'individualisme. Les réseaux sociaux nous ont donné une plateforme pour exprimer nos opinions, partager nos moindres expériences et mettre en avant notre individualité, renforçant ainsi notre sentiment d'importance personnelle et contribuant à une vision de la politique centrée sur l'individu et ses émotions.

Ces nouveaux modèles de communication, incarnés par les GAFAM*, ont donc profondément transformé notre rapport à l'information et à la politique. Ces algorithmes, initialement conçus pour optimiser la consommation, sont désormais appliqués en politique, où chacun est considéré comme un électeur potentiel. Giuliano Da Empoli[8] l'a très bien démontré dans son remarquable essai, *Les Ingénieurs du chaos*. Les données collectées par les moteurs de recherche comme Google, les réseaux sociaux et les bases de données traditionnelles, une fois recoupées, offrent un portrait détaillé de chaque individu, de ses préférences, de ses peurs et de ses aspirations. Des services comme le Lookalike Audience Builder de Facebook permettent ensuite d'identifier des électeurs qui ne seraient pas directement acquis à une cause mais pourraient facilement être persuadés en fonction du message personnalisé qu'on leur adresserait. Ces techniques de ciblage précis permettent de créer des groupes d'électeurs hermétiques, enfermés dans des bulles de filtres qui renforcent leurs convictions, alimentent leurs émotions et limitent leur exposition à des points de vue divergents. Dans ces eaux troubles, les fake news naviguent ainsi plus aisément.

Tous ces mécanismes jouent quasiment sans que les citoyens s'en rendent compte ou, s'ils le savent, sans qu'ils se révoltent. Pire, nous devenons responsables du contenu qui nous est offert, choisi sur la base de ce que nous aimons en ligne et de ce à quoi nous réagissons. Nous en sommes les coresponsables.

On l'a vu, les contenus qui suscitent la colère, les ressentiments et les théories conspirationnistes se propagent rapidement sur les réseaux sociaux, car ils génèrent un fort engagement de la part des utilisateurs. Les fausses informations, en particulier, se diffusent beaucoup plus vite que les vérités. Selon une étude du MIT, une fausse information atteint en moyenne 1 500 personnes six fois plus rapidement qu'une vérité[9].

Plus spécifiquement, le message réactionnaire excelle dans l'émotion ; il n'est pas étonnant que les réseaux sociaux accentuent l'émergence des partis populistes : plus le message, quand bien même il est faux, est choquant, polarisant et émotionnel, plus il a de chances de devenir viral et efficace. C'est une victoire pour les politiciens populistes au prix du délitement d'une sphère publique civile, constructive et rationnelle. La véracité des informations transmises et la poursuite d'un objectif commun dans la société peuvent ainsi devenir inutiles.

En l'espace de quelques années seulement, la promesse initiale d'Internet puis des réseaux sociaux d'offrir un monde plus transparent, plus démocratique et mieux informé s'est transformée en un espace où la vérité est devenue insaisissable. Des outils de libération démocratique se sont transformés en instruments de désinformation et de déstabilisation démocratique, utilisés par des acteurs étatiques et non étatiques.

La société prise au piège : l'ignorance comme arme de destruction massive

À l'ère de l'information numérique, le paradoxe entre l'omniprésence de l'information et la persistance de l'ignorance pose un défi majeur dans la lutte contre la propagation des fake news.

Les citoyens sont confrontés depuis deux décennies à l'illusion de l'« omniscience numérique », c'est-à-dire à la perception, souvent illusoire, d'une connaissance exhaustive et complète engendrée par la prolifération des technologies d'information et de communication, nourrie par l'autonomie et la facilité d'accès à une diversité de contenus, la rapidité de recherche et l'omniprésence des réseaux sociaux.

Toutefois, cette apparente omnipotence se heurte à la réalité de la complexité informationnelle, où la quantité pléthorique d'informations disponibles peut souvent engendrer confusion, biais cognitifs et même désinformation. Ainsi, l'omniscience numérique représente à la fois un idéal d'accès universel à la connaissance et un défi majeur pour la capacité individuelle à distinguer le vrai du faux dans un océan d'informations aux sources plus ou moins légitimes.

L'illusion de l'omniscience numérique est une conséquence directe de la surcharge informationnelle sur Internet. Cette surcharge peut entraîner une consommation passive d'informations et, surtout, une confiance naïve dans leur exactitude[10]. Les individus peuvent également être influencés par des algorithmes de recommandation qui amplifient les contenus conformes à leurs opinions préexistantes, on l'a vu, renforçant ainsi leur perception d'omniscience.

La propagation des fake news est souvent associée à cette confiance excessive dans les informations partagées par des sources similaires ou affiliées à ses propres opinions. Une étude confirme que les individus mal informés sont plus susceptibles de tomber dans le piège des fake news, en partie en raison de leur tendance à surévaluer leur propre expertise[11].

Si, comme l'ont souligné Bennett et Livingston[12], l'éducation civique et médiatique peut jouer un rôle crucial dans la promotion d'une citoyenneté éclairée et dans la lutte contre la propagation des fake news, le temps joue contre nous. L'irruption de l'IA auprès du grand public accentue ce piège de l'ignorance : les fausses informations sont bien plus nombreuses, circulent beaucoup plus vite, semblent plus réalistes et sont, par conséquent, plus difficiles à combattre.

L'IA, COMPLICE OU SAUVEUR ?

L'IA industrialise un procédé bien rodé

L'IA, avec ses capacités avancées de génération et de diffusion de contenu, est devenue un outil complice dans l'industrialisation et la propagation de la désinformation.

L'IA permet de générer et de diffuser du contenu informationnel plus vite, plus facilement et de toucher un public beaucoup plus large et mieux ciblé

L'émergence de l'IA générative auprès du grand public représente un tournant décisif dans le paysage de l'information et de la désinformation : autrefois domaine réservé aux spécialistes, les outils d'IA générative sont aujourd'hui accessibles au plus grand nombre, permettant à chacun de créer du contenu sophistiqué sans compétence technique avancée. L'émergence de l'IA générative auprès du grand public depuis 2022 (année marquée par le lancement et la popularisation de technologies avancées telles que ChatGPT* et DALL-E* par OpenAI) a permis à tout un chacun de créer des contenus textuels et visuels complexes. ChatGPT, par exemple, a introduit des capacités de création de textes avancées fondées sur des modèles de traitement du langage naturel, tandis que DALL-E a innové dans le domaine de la création d'images à partir de descriptions textuelles.

Avant l'explosion de l'IA générative, les officines de cyberpropagande du monde entier devaient rédiger elles-mêmes des messages trompeurs et recourir à des usines à trolls humains pour cibler les utilisateurs à grande échelle. Les technologies d'IA générative permettent désormais de générer automatiquement et massivement des textes, des images et des vidéos qui non seulement semblent authentiques mais sont parfois directement conçues pour induire en erreur. La capacité de ces technologies à produire des volumes considérables de contenu faux à une vitesse exponentielle dépasse les méthodes traditionnelles de manipulation de l'information. Au cœur de cette transformation se trouve la capacité de l'IA à analyser et exploiter la *big data.* Les algorithmes peuvent cerner encore plus rapidement et de manière beaucoup plus précise les préférences et les vulnérabilités des individus, permettant ainsi une personnalisation du contenu de désinformation. Ce n'est pas l'IA générative en elle-même qui donne de la puissance à ce mécanisme de désinformation personnalisée, mais c'est une combinaison des méthodes d'IA générative avec la disponibilité, en abondance, de données personnelles obtenues gratuitement – ou presque – par les géants technologiques.

Cette stratégie renforce l'efficacité de la désinformation en ciblant les utilisateurs les plus susceptibles de croire et de propager les fausses nouvelles. Le principal défi du microciblage* politique il y a quelques années résidait dans la nécessité de créer des centaines de variantes du même message afin de déterminer ce qui serait efficace pour un groupe donné d'individus. Ce qui était jadis onéreux et exigeait une main-d'œuvre importante est désormais économique et aisément accessible, sans aucune barrière à l'entrée.

Pour finir, la sophistication des modèles d'IA leur permet de s'adapter en continu aux réponses des utilisateurs et aux tentatives de modération des plateformes. Par exemple, les générateurs de texte peuvent ajuster leurs stratégies en fonction des *feedbacks* utilisateurs pour contourner les algorithmes de détection de fausses nouvelles. Cette adaptabilité rend l'IA particulièrement puissante dans le contexte de la désinformation, car elle peut évoluer pour répondre aux contre-mesures de plus en plus élaborées. En pratique, des centaines de sites d'informations générées par l'IA apparaissent déjà, propageant de fausses histoires et autres deepfakes*[1].

L'IA générative renforce notre enfermement dans une bulle de filtres

Les modèles d'IA générative jouent un rôle significatif dans le renforcement des bulles de filtres, en particulier dans le contexte de la diffusion de fausses informations. Contrairement aux moteurs de recherche traditionnels tels que Google ou Bing, qui proposent une variété de sources en réponse à une requête, les modèles génératifs fournissent une réponse unique en agrégeant le contenu de diverses sources d'information. Cette approche limite la diversité des points de vue et rend difficile pour les utilisateurs d'apprécier la véracité des informations présentées.

Prenons l'exemple d'une question posée à un chatbot* basé sur l'IA, telle que : « Les vaccins contre le Covid sont-ils sûrs ? » Au lieu de proposer une liste de sources variées, le chatbot générera une réponse synthétisée à partir de différentes sources, sans indiquer leur provenance ni leur fiabilité. Ainsi, les utilisateurs peuvent être exposés à des informations erronées sans avoir la possibilité de consulter des sources alternatives pour vérifier la véracité de ces informations, a fortiori si ces mêmes utilisateurs nourrissent l'algorithme de contenus et sources eux-mêmes déjà contaminés par un procédé de désinformation.

NewsGuard, une société qui attribue des notes aux médias en fonction de la fiabilité des articles, a révélé que les sites utilisant des modèles génératifs tels que ChatGPT et Bard présentaient une probabilité de 80 % à 98 % de contenir de fausses informations[2]. En outre, les sources sur lesquelles les grands modèles de langage* sont entraînés peuvent elles-mêmes contenir des informations erronées, ce qui conduit ces modèles à produire du contenu inexact[3]. Ainsi, les modèles d'IA générative contribuent à renforcer les bulles de filtres en limitant l'accès à des points de vue diversifiés et en rendant difficile la distinction entre les vraies informations et les fausses[4].

Exemples

Sander van der Linden, professeur de psychologie sociale à l'Université de Cambridge[5], s'est interrogé avec son laboratoire de prise de décision sociale – bien avant l'avènement de ChatGPT – sur la possibilité d'utiliser des réseaux neuronaux pour générer de la désinformation. Ils ont entraîné GPT-2, le prédécesseur de ChatGPT, sur des exemples de théories du complot populaires et lui ont demandé de générer de fausses informations. GPT-2 était déjà en mesure de fournir des milliers d'histoires fausses et extrêmement plausibles. L'étape suivante a été de tester la crédibilité de ces affirmations auprès du grand public. Pour cela, l'équipe du professeur van der Linden a créé le premier outil psychométrique, le Test de susceptibilité à la désinformation (« MIST » en anglais). En collaboration avec YouGov, ils ont utilisé les titres créés par l'IA générative pour tester la sensibilité des Américains à la fausse information générée par celle-ci. Les résultats étaient déjà extrêmement préoccupants :

– 41 % des Américains pensaient à tort que les titres sur les vaccins étaient vrais.

– 46 % pensaient que le gouvernement américain manipulait le marché boursier.

Une autre étude récente sur GPT-3, publiée dans la revue *Science Advances*[6], a cherché à déterminer si des individus pouvaient distinguer la désinformation des informations précises, à partir de tweets, et s'ils étaient en mesure de déterminer si un tweet était organique ou synthétique, c'est-à-dire s'il avait été écrit par un utilisateur de Twitter ou par le modèle IA GPT-3. Les résultats de cette étude, incluant 697 participants, démontrent que GPT-3 était déjà une épée à double tranchant : comparé aux humains, ce modèle d'IA pouvait produire des informations précises plus faciles à comprendre, mais il pouvait aussi produire une désinformation plus convaincante. Les tweets contenant des informations exactes ont reçu des scores d'intérêt des lecteurs plus faibles que les tweets contenant de la désinformation (scores de 0,78 contre 0,91).

L'IA amplifie ainsi le mécanisme des fake news et est devenue un outil complice dans l'industrialisation et la propagation de celles-ci.

Le plus grand risque électoral

Qu'ont en commun les élections européennes du 9 juin 2024, l'élection présidentielle aux États-Unis le 5 novembre 2024, ou celles qui auront lieu cette même année en Inde, au Brésil, ou encore au Pakistan ?

Alors que 51 % de la planète est attendue dans les urnes en 2024, dans 76 pays différents[7], le risque posé par la désinformation alimentée par l'IA se dresse en première ligne, surpassant d'autres menaces majeures comme les événements climatiques extrêmes et la polarisation sociétale, selon les prévisions du Global Risks Report 2024[8].

Contrairement aux catastrophes naturelles ou aux crises économiques, qui ont des impacts tangibles et immédiats, la désinformation par l'IA travaille insidieusement à éroder la confiance dans les processus démocratiques et institutionnels, rendant sa menace plus difficile à détecter et à contrer.

Dans ce contexte, la désinformation propulsée par l'IA sape les fondements mêmes de la cohésion sociale et de la gouvernance éclairée, plaçant ce risque au sommet des préoccupations mondiales pour les années à venir.

Pour tester l'impact de cette désinformation générée par l'IA sur les préférences politiques des citoyens, des chercheurs de l'Université d'Amsterdam ont créé une vidéo deepfake d'une déclaration controversée d'un politicien offensant sa base électorale religieuse, (« Comme le dirait le Christ, ne me crucifiez pas pour ça », l'entend-on dire sur cette vidéo deepfake). L'objectif était d'observer l'impact de cette vidéo sur les perceptions et attitudes des participants envers l'homme politique et son parti. L'article résumant la recherche, intitulé « Deepfakes et microciblage : amplifier les effets des deepfakes sur les attitudes politiques[9] », explore l'impact des deepfakes et des techniques de microciblage sur les attitudes politiques, en se concentrant sur la manière dont ces techniques peuvent être utilisées pour manipuler les opinions et les perceptions des électeurs. Le public test de cette étude était composé de 278 participants recrutés en ligne. Les résultats de l'étude montrent que les attitudes positives des électeurs chrétiens pratiquants envers le politicien représenté dans le deepfake sont significativement plus basses après avoir vu la vidéo. En d'autres termes, les chercheurs ont constaté que les électeurs chrétiens pratiquants qui ont regardé la vidéo deepfake avaient des attitudes beaucoup plus négatives envers le politicien que ceux du groupe témoin.

Les techniques de microciblage peuvent amplifier les effets d'un deepfake et cette étude démontre que les deepfakes, combinés avec des techniques de microciblage, peuvent influencer les attitudes politiques. Tout acteur politique malveillant peut exploiter ces techniques pour manipuler les opinions des électeurs et semer la discorde dans le processus démocratique.

Tromper les citoyens avec de la désinformation générée par l'IA dans le cadre d'une recherche expérimentale est une chose. C'en est une autre d'en faire l'expérience vive avec notre démocratie. Nous verrons plus que jamais, dans des élections réelles, des deepfakes, du clonage de voix, de la manipulation d'identité et autres fausses nouvelles produites par l'IA.

Vous n'y croyez toujours pas ?

Ce risque vous semble sûrement encore abstrait, intangible ? Il est vrai que les conséquences des fake news ne se matérialisent pas de la même façon qu'une véritable cyberattaque sur un gouvernement ou une tempête rendant impossible l'accès aux bureaux de vote, et pourtant : les fake news ont déjà un effet dévastateur sur le bon déroulement des élections démocratiques dans le monde.

Prenons quelques exemples, pas si loin de chez nous. En août 2023, en Pologne, le parti d'opposition centriste Plate-forme Civique (PO) a suscité la controverse en diffusant une publicité électorale mêlant de véritables extraits de discours du Premier ministre et des enregistrements générés par IA. La publicité du PO visait à montrer que, bien que le Premier ministre Mateusz Morawiecki ait proclamé l'unité de la coalition au pouvoir en public, ses messages privés révélaient des tensions, notamment entre lui et le ministre de la Justice, Zbigniew Ziobro. La vidéo faisait alterner de véritables extraits de discours du Premier ministre et des enregistrements audio d'une voix ressemblant à celle de Morawiecki lisant des extraits d'emails prétendument issus de la boîte de réception de l'ancien chef de cabinet du Premier ministre, Michał Dworczyk. Ce n'est que quelques heures après la publication de cette vidéo, face à de vives critiques lui reprochant de ne pas l'avoir fait d'emblée, que le PO a précisé que certains éléments avaient été générés artificiellement.

Évidemment, la vidéo ne mentionnait pas que la voix lisant les citations des emails divulgués n'était pas celle de Morawiecki, mais une voix générée par IA conçue pour lui ressembler. Cette utilisation de l'IA générative a suscité un tollé en Pologne. Après ces critiques, le PO a publié une autre vidéo utilisant une technique similaire, en précisant dans le message original sur les réseaux sociaux que la « voix off était générée par IA ». Toutefois, la vidéo elle-même ne contenait pas un tel avertissement[10].

En octobre 2023, Michal Šimečka, leader du parti Slovaquie progressiste, a été la cible d'un deepfake diffusé massivement seulement deux jours avant les élections parlementaires : un audio falsifié le présentait discutant d'un plan fictif pour manipuler les votes. Cet audio, diffusé sur l'application de messagerie Telegram, peu régulée, a rapidement gagné en visibilité sur des plateformes plus larges comme TikTok, YouTube et Facebook. Malgré les efforts de l'équipe de Šimečka et d'autres pour alerter les plateformes et les autorités, et bien que certaines plateformes aient retiré ou marqué le contenu comme trompeur, l'audio a continué à circuler, potentiellement vu par des centaines de milliers de personnes. En raison de la période de silence électoral qui commence quarante-huit heures avant le début du scrutin et se termine à la fermeture des bureaux de vote, les journalistes slovaques n'ont pu ni commenter cette fausse nouvelle, ni alerter le grand public.

La source originale du deepfake n'a pas été confirmée, mais des observateurs ont noté que les premiers posts contenant l'audio provenaient de politiciens pro-russes en Slovaquie, coïncidant avec une théorie du complot similaire propagée par le gouvernement russe. Cette synchronisation suggère que le deepfake faisait partie d'une campagne d'influence plus large visant à interférer dans les élections slovaques[11]. Bien que Šimečka lui-même ait reconnu qu'on ne pouvait déterminer si le deepfake avait directement influencé le résultat des élections – ayant vu la défaite de son parti face à un parti plus favorable à la Russie –, il convient tout de même d'admettre que ce deepfake peut avoir eu un certain effet. Daniel Milo, ancien responsable d'un centre de lutte contre la désinformation au sein du ministère de l'Intérieur slovaque, a critiqué l'insuffisance des procédures des réseaux sociaux pour répondre efficacement aux deepfakes.

Cet exemple met en lumière le risque immédiat et réel posé par l'IA générative en matière électorale, ainsi que la nécessité de renforcer la régulation et les mesures de contrôle sur les plateformes de médias sociaux pour prévenir les tentatives de manipulation électorale par des deepfakes. Il souligne également l'efficacité et la facilité de production de ces manipulations numériques, posant un risque sérieux pour l'intégrité des processus démocratiques.

Nos piliers démocratiques en péril

La désinformation attaque nos piliers démocratiques en sapant la confiance des citoyens dans les institutions et en polarisant l'opinion publique, rendant ainsi le dialogue et le consensus plus difficiles à atteindre. Par ailleurs, la remise en question constante de la notion de vérité et de la place des sciences dans le débat renforce la prééminence des émotions et des croyances personnelles au détriment des faits objectifs dans la prise de décision collective.

Une remise en cause des sciences et de la notion de vérité

La désinformation aujourd'hui amplifiée par l'IA déstabilise le concept de vérité lui-même. Avec l'IA générative, nous sommes pleinement entrés dans une ère de la « vérité *personnalisée* ». Nous l'avons vu, les algorithmes de recommandation des réseaux sociaux amplifiés par l'IA filtrent et présentent des informations qui renforcent les croyances préexistantes des utilisateurs, créant ces fameuses chambres d'écho et autres bulles de filtres où les faits objectifs sont moins valorisés que les opinions, les croyances et les récits qui confortent les préjugés individuels.

Cette dynamique a conduit à un cynisme généralisé où le public commence à douter de tout, y compris des faits scientifiquement établis, favorisant ainsi un climat de relativisme informationnel où des faits avérés peuvent être perçus comme des *opinions* et non plus comme des faits objectivement et rationnellement existants[1].

Cette problématique est exacerbée par le contexte numérique qui facilite l'accès à l'information tout en rendant plus complexe la distinction entre le vrai et le faux. Googler quelque chose, c'est s'exposer à une multitude de sources et d'opinions, à l'image d'une pièce remplie de voix ne criant pas forcément à l'unisson[2]. Il est alors tentant de ne prêter attention qu'à celles qui résonnent avec nos propres convictions, renforçant ainsi nos croyances préexistantes.

Google et d'autres moteurs de recherche peuvent ainsi nous fournir des arguments en faveur de presque n'importe quelle idée, même la plus absurde.

Cependant, nous sommes également conscients que ceux qui ne partagent pas nos opinions peuvent accéder aux mêmes informations et renforcer leurs propres convictions. Cette prise de conscience, si elle n'est pas accompagnée d'une réflexion critique, peut nous amener à considérer l'objectivité comme une valeur obsolète. Face à la profusion d'informations contradictoires et de sources divergentes, nous risquons de perdre de vue l'importance de la vérité et de l'objectivité dans notre quête de connaissance et de compréhension du monde qui nous entoure.

Une étude apporte une contribution significative à la compréhension de la manière dont la politique de la post-vérité a influencé le référendum sur le Brexit en 2016[3].

La « politique de la post-vérité » désigne une culture politique où le débat est largement dicté par des émotions et des croyances personnelles plutôt que par des faits objectifs, qui deviennent moins influents dans la formation de l'opinion publique. Cette tendance est exacerbée par l'utilisation stratégique des réseaux sociaux et d'autres plateformes numériques pour diffuser des informations fausses. Jennifer Cassidy, l'auteur de l'étude, démontre que cette dynamique a joué un rôle crucial lors du référendum sur le Brexit, soulignant comment des figures politiques clefs, des deux côtés du débat, ont utilisé des arguments émotionnellement chargés, souvent au détriment des faits. La campagne du « Leave » a été de loin la plus virulente dans son application d'une politique de post-vérité, n'hésitant pas à mettre en avant des statistiques controversées et des prédictions économiques alarmistes et fausses.

L'un des exemples les plus flagrants de politique post-vérité pendant le Brexit a été la fameuse affirmation du bus de campagne du Leave, qui proclamait que le Royaume-Uni envoyait 350 millions de livres par semaine à l'Union européenne, qui auraient pu être utilisées pour le NHS (le service de santé britannique). Ces thèmes et slogans qui ont conquis le cœur de nombreux électeurs étaient faux[4]. L'une des questions posées dans un sondage d'opinion réalisé par What UK Thinks était : « Est-il vrai ou faux que la Grande-Bretagne envoie 350 millions de livres par semaine à l'Union européenne ? » ; 47 % des répondants pensaient que ce message était exact[5]. Jennifer Cassidy pointe également du doigt la manière dont les médias traditionnels et les plateformes numériques ont contribué à la diffusion de ces fausses informations. L'accès facile et rapide à l'information via Internet a permis non seulement une diffusion plus large, mais aussi une personnalisation des contenus d'information, souvent alignés avec les prédispositions et biais des utilisateurs, amplifiant ainsi les effets de la politique de la post-vérité.

Les fake news alimentées par l'IA ne se contentent pas de remodeler la perception individuelle de la vérité, elles menacent également les fondements mêmes de la pratique scientifique. Elles compromettent directement la communication scientifique et influencent les attitudes publiques envers des questions scientifiques importantes en rendant la communication des découvertes scientifiques au public plus complexe, plus contestée. Les scientifiques se trouvent souvent en concurrence avec des récits falsifiés qui peuvent être plus séduisants ou plus engageants émotionnellement que les comptes rendus scientifiques réels. Pire, la remise en question d'un fait scientifique tend à persister dans le temps. Les fausses informations, même lorsqu'elles sont corrigées, peuvent continuer à influencer les croyances et les attitudes, un phénomène connu sous le nom d'« effet de persistance de la désinformation[6] ».

Dans un monde où les frontières entre le vrai et le faux sont de plus en plus floues et où chacun se déclare expert de tout, deux domaines ont été particulièrement affectés par ce phénomène : la vaccination et le changement climatique. Les campagnes de vaccination contre des affections telles que le Covid-19 ont été entravées par la circulation virale de fake news prétendant que les vaccins contenaient des dispositifs de traçage ou causaient des effets secondaires graves. Ces affirmations fausses, très souvent renforcées par des algorithmes d'IA ciblant les individus susceptibles de les croire ou de les partager, et poussées par des pays étrangers dans le cadre de tentatives d'ingérence, ont créé une méfiance croissante envers les institutions médicales et scientifiques. « Nous ne combattons pas seulement une épidémie ; nous combattons une infodémie », avait déclaré Tedros Adhanom Ghebreyesus, directeur général de l'OMS, le 11 février 2020 lors de la Conférence sur la sécurité de Munich, en

Allemagne[7]. Il faisait alors référence au fait que les fausses nouvelles « se propagent plus rapidement et plus facilement que ce virus[8] ». En effet, un manque d'informations fiables et de sources de confiance peut être aussi dangereux que le virus lui-même. Les informations inexactes ne trompent pas seulement les gens, elles peuvent aussi mettre des vies en danger en encourageant à ignorer les conseils de santé publique, à prendre des médicaments non approuvés ou à refuser un vaccin lorsqu'il devient disponible. En effet, lorsque l'IA est utilisée pour manipuler l'opinion publique, les faits scientifiques eux-mêmes deviennent contestés, rendant les campagnes de santé publique moins efficaces et mettant en péril la couverture vaccinale nécessaire à l'immunité collective. Une fausse nouvelle largement diffusée prétendait que les vaccins contre le Covid-19 modifiaient l'ADN des individus. Cette affirmation, bien que catégoriquement fausse *scientifiquement*[9] – les vaccins à ARNm, comme ceux de Pfizer et Moderna, n'intègrent ni n'altèrent l'ADN humain –, a semé la confusion et la méfiance. Le Dr Anthony Fauci, directeur du National Institute of Allergy and Infectious Diseases, a abordé cette question lors de plusieurs conférences de presse, soulignant que « la science derrière les vaccins à ARNm est solide et bien établie, ce qui nous permet d'être confiants dans leur sécurité et leur efficacité ». Malgré ces campagnes pro-vaccins, la désinformation publiée en ligne à propos du vaccin a entraîné une hésitation à se faire vacciner et des taux de vaccination plus faibles dans certaines zones[10].

Quant au changement climatique, le consensus scientifique établi se heurte à une vague de désinformation qui minimise sa gravité ou nie son origine anthropique. Les fausses nouvelles produites par l'IA alimentent un scepticisme déjà existant, armant les partisans du statu quo avec des arguments fallacieux masqués sous le vernis de la recherche contrefaite. Cette stratégie de désinformation polarise le débat public et inhibe l'action collective nécessaire pour adresser et atténuer les impacts du changement climatique. De nombreux articles générés par des algorithmes continuent de prétendre que le réchauffement climatique est un cycle naturel, indépendant des activités humaines, malgré le consensus scientifique qui attribue le réchauffement récent aux émissions de gaz à effet de serre d'origine anthropique. Aujourd'hui, 37 % des Français se considèrent climatosceptiques[11].

De la même manière, la culture de la désinformation dans laquelle nous vivons se trouve aggravée lorsque les normes de preuve et de fiabilité auxquelles les individus adhèrent – leurs principes épistémiques, pour utiliser un terme plus précis – ne sont pas celles qu'ils appliquent le plus souvent. Il est évident que nous n'évoluons pas dans un monde où la vérité a disparu. Elle est toujours aussi présente qu'auparavant. Ce qui a changé, c'est que notre culture de l'information est devenue si pervertie qu'elle tolère et incite à des comportements menant à se tromper soi-même sur la vérité et ses modes de preuves. Cette culture nous pousse à accorder plus de poids à nos croyances qu'à la vérité et à nous convaincre que cela n'a pas d'importance. Puisque chacun se croit libre de proclamer ce qui est vrai et ce qui est faux sans accorder aucun crédit à la raison et aux preuves, l'idée même qu'il existe quelque chose comme une vérité immuable et universelle se trouve battue en brèche. Ainsi, les acteurs politiques, dont l'art rhétorique joue de la mince frontière entre la raison et les émotions d'une part, et les vérités et les croyances d'autre part, peuvent-ils déclarer que leurs idées et leurs propos forment la seule vérité qui vaille, à l'exclusion de toutes les autres.

Donald Trump en est un exemple parfait, qui prétend combattre violemment les fake news, comme si ce n'était pas grâce à elles qu'il avait gagné l'élection présidentielle de 2016. Il emploie régulièrement l'expression « fake news » pour désigner tout média traditionnel ou personnalité politique qui critiquerait ses actions, comme le fait qu'il n'ait pas renoncé à la gestion de ses affaires personnelles, alors que la Constitution américaine l'exige pour un Président des États-Unis[12]. « Ce sont des fake news ! » a-t-il tweeté dès le 10 novembre 2016. Depuis, tout ce que Donald Trump n'apprécie pas est régulièrement qualifié de « faux ». Pour lui, est « faux » tout ce qui le critique et tout ce qui s'oppose directement ou indirectement à lui.

Une opinion publique manipulée

Avec les fake news, ce sont nos repères démocratiques qui sont en danger. Les algorithmes des plateformes numériques ont tendance à favoriser les contenus qui génèrent de l'engagement, ce qui peut entraîner une sous-représentation de sujets démocratiques plus sérieux mais moins susceptibles d'être viraux.

L'IA peut en effet rediriger l'attention et l'opinion publique loin des enjeux politiques et sociaux critiques, minant ainsi la représentation adéquate des préoccupations réelles des citoyens, voire, lorsqu'elle est dans les mains d'acteurs étrangers malveillants, amplifiant des problématiques en vue de déstabiliser l'équilibre politique d'un pays sur des questions polarisantes de la société[13].

Reprenons par exemple la paranoïa en France, à la fin de l'année 2023, autour des punaises de lit. Des récits alarmistes, amplifiés via les réseaux sociaux et certains sites d'actualités, prétendaient que les grandes villes françaises, notamment de grandes villes se préparant à accueillir les Jeux Olympiques telles que Paris et Marseille, étaient submergées par les infestations, dépassant les capacités des autorités locales à gérer la situation. Quelques mois plus tard, le ministre français délégué à l'Europe, Jean-Noël Barrot, a révélé que des chatbots russes avaient utilisé la désinformation concernant les punaises de lit pour influencer l'opinion publique et détourner l'attention de sujets plus importants. Cette campagne de désinformation a créé un faux sentiment d'urgence, captant l'attention des médias et du public, allant jusqu'à amplifier la polarisation de la société française sur la question migratoire après que des journalistes eurent fait le lien entre la prolifération des punaises de lit et les conditions hygiéniques des migrants (!).

Admettons que de vrais sujets émergent dans le débat public, la question de la perception du corps électoral par la représentation nationale est également remise en question par les fake news alimentées par des modèles d'IA.

La démocratie requiert une interaction permanente entre le gouvernement et les souhaits de ses citoyens. Afin que les représentants nationaux puissent satisfaire les attentes de leurs électeurs, ils doivent avant tout parvenir à les identifier. Les sondages d'opinion, qui demeurent en grande partie protégés de la manipulation par des contenus créés par l'IA, offrent aux élus un aperçu des désirs de leurs électeurs. Toutefois, nombre de citoyens sont éloignés du champ politique ou présentent un désintérêt fort pour l'objet politique[14]. De ce fait, les législateurs sont fortement encouragés à être particulièrement attentifs aux électeurs ayant des opinions tranchées sur des questions politiques précises et pour lesquels ces questions revêtent une grande importance.

Cependant, à l'ère de l'IA générative, les signaux politiques remontés par les réseaux sociaux et Internet peuvent être sérieusement trompeurs. Les progrès technologiques permettent désormais à des acteurs malintentionnés de créer de fausses opinions, de faux sentiments d'électeurs à grande échelle en générant sans effort des messages uniques prenant position sur diverses questions. Dans une expérience menée aux États-Unis en 2020, deux professeurs de l'Université de Cornell, Doug Kriner et Sarah Kreps, ont rédigé des doléances citoyennes d'électeurs sur six sujets distincts, puis utilisé ces lettres pour entraîner le modèle d'IA générative de pointe de l'époque, GPT-3, à produire des centaines de doléances de gauche et de droite. Ces deux chercheurs ont mélangé et envoyé à 7 200 législateurs d'État des lettres rédigées par des humains et des lettres entièrement rédigées par de l'IA, soit un total d'environ 35 000 courriels. Dans le cadre de leur étude, ils ont comparé les taux de réponse aux correspondances écrites par des humains et celles générées par l'IA pour évaluer la capacité des législateurs à discerner des appels rédigés par des machines (et donc à ne pas leur répondre). Sur trois questions, les taux de réponse aux messages écrits par des humains et des IA étaient statistiquement indiscernables. Sur trois autres questions, les taux de réponse aux courriels générés par l'IA étaient légèrement inférieurs, avec une différence moyenne de 2 %[15]. Ils avaient à l'époque eu recours à GPT-3, aux capacités rédactionnelles considérablement moins élaborées que celles de GPT-4. Cela suggère qu'un acteur malveillant capable de générer aisément des milliers de communications uniques pourrait potentiellement fausser la perception des législateurs sur les questions les plus importantes pour leurs électeurs et sur la manière dont les électeurs se positionnent sur un sujet donné.

Cette perte de repères démocratiques court dans les deux sens, puisqu'une étude du MIT a démontré que l'IA générative et la propagation de fake news contribuent à complexifier encore plus la tâche des citoyens qui cherchent à évaluer de manière critique les actions de leurs représentants[16] et abîment leur confiance.

Une érosion de la confiance

La confiance dans les institutions démocratiques et les médias est un pilier essentiel des démocraties contemporaines. Cependant, l'émergence et la prolifération des fake news contribuent significativement à l'érosion de cette confiance fondamentale.

Alors qu'ils sont plus informés que jamais, la capacité des citoyens à contrôler et à évaluer leurs élus et dirigeants semble complexifiée. Exposés à un flux constant d'informations contradictoires et souvent non vérifiées, ils développent un scepticisme grandissant envers les sources d'information institutionnelles. Cette érosion de la confiance a des conséquences directes sur la stabilité des institutions démocratiques. Le Pew Research Center a révélé dans son étude de 2019 que 17 % seulement des Américains se disaient capables de faire la distinction entre faits et opinions dans les médias, un déclin préoccupant par rapport aux résultats des années précédentes[17].

De plus, cette méfiance s'étend aux institutions politiques elles-mêmes : selon l'Eurobaromètre de 2020, 34 % seulement des citoyens de l'Union européenne disaient avoir confiance dans leur gouvernement national, une baisse significative par rapport à la décennie précédente[18].

Les médias, autrefois vus comme des arbitres de la vérité, sont particulièrement touchés. C'est une véritable perte de légitimité et de crédibilité des médias comme piliers de la démocratie qui s'affirme. Leur rôle traditionnel de vérificateurs des faits est mis en doute, exacerbant ainsi cette crise de confiance. La propagation des fake news via des plateformes numériques sans régulation efficace a facilité une perception d'équivalence entre véritables informations et fausses informations. Ceci est illustré par une étude de 2018 de la Knight Foundation, qui montre que 69 % des Américains estiment que les fake news ont semé la confusion concernant les faits basiques sur les enjeux actuels[19].

Toutes les idées ne se valent pourtant pas. Il est nécessaire d'établir un processus légitime permettant de différencier les idées admises de celles qui doivent être dépréciées, voire écartées. Cela nécessite de se recentrer sur les qualités nécessaires à ceux qui diffusent cette information : qu'est-ce qu'un « journaliste » ? Qui peut être considéré comme un « expert » ? Mais aussi, qu'est-ce qui doit caractériser des « actualités »[20] ? L'affaiblissement de l'expertise coïncide avec l'accroissement d'une crise de la confiance et, parallèlement, l'émergence, on l'a vu, d'une politique guidée par les émotions, les instincts, où les faits cèdent leur place aux croyances et aux ressentis personnels – considérés comme plus « sûrs » pour les individus. Et si l'on assistait à la victoire définitive de l'émotion sur la raison en matière de choix politiques ? Nous devons faire face à une réalité contre laquelle la patrie de la raison et des lumières est en passe de capituler.

Un nombre croissant d'études académiques démontrent que la connaissance, c'est-à-dire les informations sur le monde, pèse moins dans les choix que les convictions[21]. Les faits sont ainsi relégués au second plan, sujets à débat ou finalement sans incidence sur les « croyances », les « opinions » et les « ressentis » individuels. Ces phénomènes ne sont pas isolés et représentent une menace directe à l'encontre de la santé des démocraties et par extension de la participation civique des citoyens. La diminution de la participation aux processus démocratiques, un retrait symptomatique de la confiance envers les structures démocratiques affaiblissent davantage ces institutions. Cette spirale négative met en péril la fonctionnalité et la résilience des systèmes démocratiques, qui reposent intrinsèquement sur l'engagement et la confiance de leurs citoyens.

« … La conséquence n'est pas que vous croyiez les mensonges mais plutôt que personne ne croie plus en rien. Les individus sont non seulement privés de leur capacité d'agir mais aussi de penser et de juger. Et avec un tel peuple vous pouvez alors faire ce qu'il vous plaît[22] », disait Hannah Arendt. La propagation des fausses nouvelles contribue à l'érosion de la confiance dans les institutions démocratiques, les médias et les sources d'information, nous l'avons vu. Cette perte de confiance, qui engendre un sentiment de méfiance généralisée, mène à une « paralysie » de la pensée et du jugement.

Dans ce contexte, la démocratie ressort nécessairement affaiblie. Les citoyens n'ont plus le pouvoir sur la prise de décision puisqu'ils ne peuvent plus exercer leur rôle de contre-pouvoir et de surveillance des institutions. La participation civique et le débat public sont également entravés. Les citoyens ne sont plus en mesure de s'engager de manière constructive et informée dans les discussions politiques. Dans son essai de 1922, *Public Opinion*[23], après une enquête approfondie sur le lien entre l'information et la prise de décision démocratique, Walter Lippmann affirmait déjà que la qualité des informations révélait les forces et les faiblesses d'une société démocratique. Face à cette bataille menée par les fake news, notre démocratie est aujourd'hui gravement en danger.

Comment la défendre ?

L'URGENCE D'UNE CONTRE-ATTAQUE

Des initiatives bien trop timides

La bataille contre les fake news ne se gagnera pas toute seule. L'optimisme pourrait nous conduire à penser que, malgré les assauts répétés de ces fausses informations, la vérité, soutenue par les scientifiques, les journalistes intègres ou encore les historiens ou les philosophes, survivra à ce déferlement de fausses informations intentionnelles, même lorsqu'elles sont massivement amplifiées par l'IA.

Ces experts sont cependant cruellement impuissants face à l'avalanche de fausses informations. Leurs voix, bien que portées par la rigueur scientifique, historique, journalistique ou philosophique, peinent à se faire entendre au milieu du vacarme des fake news. Les confrontations directes entre ces tenants de la vérité et les algorithmes d'IA sophistiqués ne se soldent pas toujours par la victoire de la vérité – bien au contraire.

Reprenons l'exemple des punaises de lit. Alors que nos services de renseignement suspectent la Russie d'être à l'origine de faux articles sur la prolifération de ces insectes, Valérie Hayer – candidate de la majorité à l'élection européenne de 2024 – a fait état de ces interrogations sur un plateau TV lors d'un débat contre Jordan Bardella, candidat pour le Rassemblement national. « Les punaises de lit, c'est l'ingérence du Kremlin », a-t-elle déclaré, ce qui a immédiatement suscité l'hilarité du plateau de l'émission controversée *TPMP* de Cyril Hanouna.

Comme le soulignait déjà Hannah Arendt en 1967, les intellectuels, les journalistes et les historiens ont un rôle crucial à jouer en tant que dénonciateurs éthiques de la vérité, mais cela ne signifie pas qu'ils doivent s'engager dans une compétition directe avec les politiciens ou l'IA, ni qu'ils doivent prendre des décisions politiques à la place des politiques. Le risque de mélanger davantage les faits avec la politique est élevé, et cela n'aide ni l'autorité de la science ni celle de la politique elle-même.

Alors que faire ?

Les initiatives actuelles pour lutter contre les fake news et protéger la démocratie semblent bien trop timides.

Les solutions mises en place à l'échelle européenne ne permettent pas d'affronter la bataille de la désinformation [1]

La Commission européenne a élaboré dans l'urgence, avant les élections de 2019, un *Code de bonnes pratiques contre la désinformation* en 2018 [2]. Les premières entreprises technologiques signataires de ce code étaient alors les principales plateformes en ligne : Mozilla, Facebook, Google et Twitter. Elles n'ont été suivies par Microsoft et TikTok qu'en 2019 puis en 2020. Dès 2018, des voix se sont élevées contre ce code de bonnes pratiques, en particulier parce qu'il ne contenait aucune recommandation pour lutter contre le *clickbaiting** ni pour examiner le lien entre les politiques de revenus publicitaires des plateformes et la diffusion de la désinformation [3]. Le rôle économique de ces grandes entreprises dans la propagation de la désinformation est pourtant crucial dans la lutte contre cette dernière. Aussi, ce code établissait que les plateformes étaient elles-mêmes en charge de décider ce qui relevait de la désinformation[4], tant la définition de celle-ci était large.

Quant aux obligations, quelles étaient-elles ? Les signataires ne devaient adhérer qu'aux engagements correspondant à leurs services et capacités techniques, ce qui a entraîné le développement d'outils privés ad hoc de lutte contre la désinformation manquant significativement de transparence. Ce code péchait donc par une bien modeste ambition.

Pour pallier ces critiques, le code a été modifié en 2022[5]. Sa nouvelle version a inclus non seulement les grandes plateformes, mais aussi des acteurs plus diversifiés comme les petites plateformes spécialisées, l'industrie de la publicité en ligne, les entreprises de technologie publicitaire, les vérificateurs de faits et la société civile. Elle visait à s'assurer que ceux qui diffusent des informations erronées ne bénéficient pas de revenus publicitaires, à étendre la vérification des faits à tous les pays de l'UE et dans toutes ses langues, tout en garantissant une rémunération équitable des vérificateurs de faits. Bien que le code renforcé de 2022 ait été généralement bien accueilli pour ses améliorations significatives, cette autorégulation des plateformes reste grandement insuffisante – deux ans plus tard, les fake news circulent plus que jamais, amplifiées par l'IA. Or ce code n'aborde toujours pas la complexité de la lutte contre la désinformation à l'ère de l'IA générative… comment lutter efficacement contre celle-ci ?

Sans une application stricte et une volonté réelle des plateformes, les mesures ne peuvent que rester superficielles. À l'exception des grandes plateformes, le code ne repose que sur l'autorégulation des plateformes numériques, ce qui est insuffisant pour motiver tout l'écosystème numérique à adopter des changements significatifs, surtout si les intérêts commerciaux des plateformes entrent en conflit avec les objectifs du code.

Une réglementation contraignante a été adoptée pour tenter de répondre aux critiques faites au code de bonnes pratiques. Le Digital Service Act (le « DSA[6] ») est en effet la troisième arme européenne inventée pour lutter, parmi d'autres maux, contre les fake news. À l'instar du code, cet Acte sur les services numériques incarne la tendance de l'UE à confier aux entreprises le rôle de gardiens pour réguler le discours en ligne. Le DSA contraint les plateformes à déployer des efforts pour « réduire les risques » de désinformation et prévoit des amendes pouvant aller jusqu'à 6 % de leur chiffre d'affaires mondial. Toutefois, cette législation reste inefficace.

Les obligations de « diligence raisonnable », qui varient en fonction de la fonction et de la taille de l'entreprise, sont principalement adressées aux « plateformes en ligne », en particulier aux « très grandes plateformes en ligne ». Cependant, le DSA ne parvient toujours pas à apporter des améliorations significatives à la transparence des outils de lutte contre la désinformation. Les organisations de vérification des faits et les équipes de sécurité internes demeurent opaques. Malgré la promesse de son article 12 de fournir des « normes claires, simples, intelligibles, conviviales et sans ambiguïté » pour les politiques des plateformes, le DSA impose un niveau de transparence des enquêtes publiques inférieur au niveau auquel les signataires ont consenti par le passé.

Pour finir, la loi européenne sur l'intelligence artificielle (EU AI Act[7]) aspire à formuler une réponse européenne à l'irruption massive de modèles d'IA sur le marché. Cette nouvelle réglementation classe l'IA en fonction des risques qu'elle présente : les risques dits « inacceptables », tels que les systèmes d'IA de notation sociale, sont tout simplement interdits. La majeure partie du texte porte sur les systèmes d'IA dits « à haut risque », qui sont très réglementés. C'est le cas des systèmes d'IA destinés à être utilisés pour le recrutement, pour évaluer le niveau d'apprentissage des élèves ou encore par les services répressifs pour le profilage d'individus ou la gestion des migrations, de l'asile et des contrôles aux frontières. Ces systèmes d'IA font l'objet d'obligations réglementaires très lourdes : mise en place de systèmes de gestion des risques, documentations techniques démontrant la conformité du système, respect des modèles d'IA de niveaux élevés de précision, de robustesse et de cybersécurité, etc. Tous les fournisseurs de modèles d'IA dits « à usage général », tels que ChatGPT, et qui présentent un risque systémique doivent également procéder à des évaluations de modèles, à des tests contradictoires, suivre et signaler les incidents graves et assurer la protection de la cybersécurité.

Toutefois, ce règlement se révèle très décevant pour traiter la question de la désinformation à l'ère de l'IA pour plusieurs raisons.

Contrairement aux outils propriétaires actuellement en vogue, tels que ChatGPT d'OpenAI ou Gemini de Google, les grands modèles de langage (LLM*) en open source n'entrent pas dans le champ des modèles d'IA soumis à des obligations importantes en vertu de l'EU AI Act. Leurs utilisateurs auront la possibilité de modifier le code de base, ouvrant ainsi la voie à des développeurs malintentionnés potentiellement désireux de créer du contenu préjudiciable à grande échelle. En principe, l'IA en open source permet à n'importe quelle organisation de développer son propre produit d'IA, comme un chatbot, sans avoir à partager d'informations propriétaires précieuses avec des entreprises comme Google ou OpenAI. Elle a également considérablement élargi l'accès aux capacités d'IA haut de gamme : de nombreux modèles open source rivalisent désormais avec les LLM fermés qui sous-tendent les chatbots les plus populaires d'aujourd'hui. Mais c'est précisément cette facilité d'accès et de modification, sans les garanties nécessaires, qui pose un risque important de mauvaise utilisation.

Deux chercheurs, Francesca Giannaccini et Tobias Kleineidam[8], ont testé la capacité de trois modèles open source populaires – tous accessibles publiquement sur la plateforme Hugging Face – pour comprendre s'ils généreraient du contenu nuisible, y compris des discours haineux et de la désinformation. Les chatbots utilisant des LLM open source ont très souvent obtempéré avec succès à leurs demandes de rédaction de contenus allant des injures raciales sur les immigrants aux États-Unis aux théories du complot sur les vaccinations.

Lors de la négociation de l'EU AI Act, les défenseurs de l'open source ont mis en avant les résultats de recherche, de reproductibilité et de transparence offerts par l'IA en open source. Il est vrai que cela permet d'assurer un terrain de jeu équitable pour les petits acteurs et les nouvelles entreprises. Le problème cependant est que, si les grands modèles de langage alimentant des outils propriétaires tels que ChatGPT ou Gemini seront soumis aux nouvelles obligations contraignantes de l'EU AI Act, les LLM publiés sous une licence libre et ouverte et non utilisés pour la monétisation bénéficieront, eux, de larges exceptions. Dans la plupart de ces cas, l'EU AI Act exigera uniquement des informations sur le contenu utilisé pour l'entraînement du modèle et une obligation de respecter le droit d'auteur de l'UE.

Il faut s'attendre à ce que l'IA en open source devienne dans les prochains mois la victime de ceux qui veulent propager un contenu nuisible à la société démocratique. Ce n'est que si les modèles en open source à usage général sont classés comme IA à risque « systémique » – en raison de leur potentiel de nuisance pour la santé, la sécurité, les droits fondamentaux, l'environnement, la démocratie et l'état de droit – qu'ils seront soumis aux mêmes obligations strictes que leurs homologues fermés. Dans tous les autres cas, les régulateurs de l'UE encouragent simplement les développeurs de modèles open source à se conformer aux obligations communes de transparence et de documentation moins contraignantes.

L'IA en open source n'est pas le seul problème délaissé par l'EU AI Act. Le règlement a laissé échapper une chance majeure de combattre efficacement la désinformation générée par deepfake, un enjeu au cœur de nos démocraties. Au cours du mois d'avril 2024, des vidéos deepfake prétendant être celles des nièces de Marine Le Pen sont apparues sur TikTok, certaines d'entre elles ayant été vues plus de 2 millions de fois. Elles montrent trois prétendues nièces de la famille Le Pen, qui n'existent pas. Ces dernières revendiquent leur attachement aux valeurs du Rassemblement national ou de Reconquête, leur admiration pour leur « tante » ainsi que pour Jordan Bardella et invitent leurs abonnés à les rejoindre sur Telegram pour échanger sur ces partis d'extrême droite. Les visages juvéniles, ressemblants à ceux de Marine Le Pen et de Marion Maréchal, ont été montés sur des vidéos volées à de véritables influenceuses. Ces deepfakes viraux mettent en avant les deux partis d'extrême droite en mentionnant les élections européennes et sont un véritable atout dans la stratégie de dédiabolisation menée par ces partis, allant jusqu'à influencer le vote d'une partie de la très jeune population en âge de voter aux élections. Ces deepfakes trompent les électeurs et présentent un réel danger pour la démocratie. Pourtant, en vertu de l'EU AI Act, les utilisateurs d'un système d'IA qui génère ou manipule du contenu image, audio ou vidéo constituant un deepfake doivent seulement divulguer que le contenu a été généré ou manipulé artificiellement. L'obligation d'apposer un marquage et un filigrane sur les contenus engendrés par l'intelligence artificielle ne suffira pas à atténuer les risques liés aux fausses informations, à moins que les citoyens, avertis des enjeux de l'IA, ne sachent comment les appréhender – ce qui n'est pas encore le cas. Identifier, détecter et éliminer la désinformation après qu'elle a acquis une certaine viralité est certes un palliatif, mais cela ne constitue pas une solution pérenne, comme nous avons pu le constater au fil de la dernière décennie. Aucune de ces mesures ne permet de contenir la désinformation avant qu'elle ne propage ses messages pernicieux.

Non seulement ces réglementations sont manifestement impuissantes à maîtriser la propagation des fake news ou même à en limiter les dégâts, mais elles ont de surcroît structurellement un train de retard sur une technologie en perpétuelle évolution, puisqu'il est à parier que la désinformation surmontera continuellement les tentatives de détection. De plus, les images générées par l'IA ne peuvent pas être démenties en utilisant les méthodes traditionnelles de vérification des faits. Lorsqu'une infox prétend qu'un dirigeant a dit quelque chose, il est facile de vérifier les faits en voyant si d'autres médias ont rapporté des propos similaires, ou même en les vérifiant directement auprès du dirigeant en question. Cependant, comment peut-on démentir une image générée par l'IA montrant une bagarre de rue ? Lorsque le lieu et les personnes impliquées ne sont pas mentionnés, comment une vérification des faits peut-elle confirmer si un tel incident a eu lieu[9] ?

La guerre contre les fake news se joue maintenant

La prolifération des fake news se dresse comme un défi colossal pour la pérennité de nos sociétés démocratiques. Il est indéniable que les mesures actuellement en vigueur pour contrer les fake news se révèlent dérisoires face à l'ampleur du phénomène. Les tentatives de régulation et de contrôle de l'information se heurtent à la sophistication grandissante des technologies de l'IA, qui engendrent des contenus toujours plus convaincants et trompeurs. Face à cette menace qui s'amplifie, l'urgence d'agir se fait pressante. Alors que les grands modèles d'IA générative font leur entrée fracassante sur le marché, la guerre contre les fake news doit être déclarée sans plus attendre.

Pour mener à bien cette bataille, il est impératif de forger un arsenal robuste de la vérité.

Cela passe, avant toute autre mesure, par un investissement massif dans l'éducation, les sciences et les modules citoyens de lutte contre les fausses informations. Il s'agit de former les citoyens – dès leur plus jeune âge – à vérifier les sources, à distinguer entre une croyance, une opinion et un fait scientifique, et à aiguiser leur esprit critique. Sans cela, les autres mesures n'auront que trop peu d'efficacité dans cette bataille.

Parallèlement, il est essentiel de soutenir une résistance journalistique organisée, en mettant en place un plan de sauvegarde robuste des médias qui placent les faits, la probité et l'impartialité en tête de leurs principes directeurs, permettant de lutter contre ce qui est faux et de valoriser la raison face aux autres formes d'information partagées en ligne.

Cependant, renforcer les remparts de la vérité ne suffira pas ; il faut également s'attaquer aux racines du mal. Cela passe par une action ciblée sur l'écosystème économique des réseaux sociaux, qui jouent un rôle central dans la propagation des fausses informations.

Enfin, ne négligeons pas le potentiel de l'IA elle-même dans cette guerre contre les fake news. En exploitant les avancées technologiques pour détecter et neutraliser les contenus fallacieux, nous pourrions combattre le feu par le feu.

Renforcer notre arsenal de la vérité : la première ligne de défense doit être l'enseignant

Dans le passé, le citoyen était confronté à la tâche ardue d'acquérir les connaissances nécessaires pour contester les dogmes établis. Aujourd'hui, c'est un défi tout aussi complexe qui se présente à lui : celui de naviguer dans un océan d'informations, de distinguer le vrai du faux, le pertinent de l'insignifiant.

Le défi ne réside pas tant dans l'intelligence artificielle que dans notre manière d'appréhender l'information et de vérifier ses sources. L'essor des vérificateurs de faits est fréquemment évoqué comme une réponse au fléau des fake news[10]. Soyons honnêtes avec nous-même, le processus de vérification des faits requiert une quantité considérable de temps et d'efforts, rendant ainsi difficile son extension à grande échelle, a fortiori lorsque bon nombre de sites web populaires dédiés à la vérification des faits s'appuient sur une détection uniquement manuelle. La technologie peut être mobilisée, mais elle présente des limites, notamment en raison de l'évolution constante des caractéristiques des fake news. Par ailleurs, l'élaboration de ces technologies dépend in fine des efforts humains[11].

Face à ces constats, c'est le grand public qu'il faut pouvoir sensibiliser, former et responsabiliser, or un vaste travail éducatif reste à accomplir. Aujourd'hui, ce sont quatre Français sur dix qui pensent ne pas avoir d'« esprit critique[12] », cette capacité à analyser, évaluer et synthétiser les informations de manière objective et systématique afin de former des jugements raisonnés et de prendre des décisions bien informées. L'esprit critique implique de remettre en question les hypothèses, d'identifier les biais, de considérer des perspectives alternatives et d'évaluer la crédibilité des sources. Sachant qu'il faut faire preuve d'esprit critique pour affirmer en avoir un ou non, on peut spéculer qu'on est probablement loin du compte.

Dans une étude passionnante[13], deux chercheurs américains se sont penchés sur la question de savoir si des protocoles d'éveil et de formation à la détection de fake news peuvent améliorer la capacité des utilisateurs des réseaux sociaux à détecter les fausses informations. Publiée le 19 janvier 2022, cette recherche a été menée à travers une expérience en ligne pour analyser l'effet d'un tel protocole de détection, tout en prenant en compte le rôle du scepticisme, de l'âge et du niveau d'éducation.

Deux groupes ont été formés. Un groupe témoin et un groupe soumis à un tel protocole de détection des fake news, qui avait reçu quelques conseils clairs avant d'analyser des informations. Ces conseils étaient les suivants[14] :

> Voici quelques conseils de base pour évaluer si les informations de l'article sont réelles :
>
> 1. Utilisez votre intuition. Posez-vous des questions : la source semble-t-elle fiable ? Le message semble-t-il authentique et véridique ? Vous pouvez également examiner le logo du média et le site web dans son ensemble. Si votre intuition vous dit que le message n'est pas crédible, il y a de fortes chances que ce soit une fausse information.
> 2. Vérifiez l'URL. Souvent, vous reconnaîtrez les grandes entreprises de presse en regardant simplement l'URL (le lien vers le site web présenté

dans la barre de recherche en haut du navigateur). Y a-t-il quelque chose d'étrange dans l'URL ? Vous pourriez visiter un site qui essaie d'en imiter un autre.

3. Évaluez le contenu. Examinez le titre et le contenu général de l'article. Vérifiez les ressources utilisées pour étayer les affirmations. Les sources utilisées par l'auteur de l'article semblent-elles solides ?
4. Examinez le sentiment que génère en vous la lecture de l'article. Souvent, les fausses informations véhiculent des messages controversés ou cherchent à susciter des émotions, comme la peur. Si vous constatez cette tactique, cela pourrait être un indicateur fort que le message est faux.

Les résultats de l'étude montrent une relation significative entre le protocole de détection et la capacité des utilisateurs des réseaux sociaux à détecter les fausses informations, suggérant qu'un tel protocole peut en effet jouer un rôle décisif dans la formation des utilisateurs à reconnaître les fake news. De plus, les auteurs ont trouvé une relation positive directe entre l'âge et le niveau d'éducation d'une part, et la capacité à détecter les fausses informations d'autre part, ce qui est extrêmement encourageant pour nos sociétés modernes : nous pouvons dès le plus jeune âge prendre cette question de la désinformation à bras-le-corps, par l'éducation, afin de renverser la tendance.

La Finlande, célèbre pour avoir l'un des systèmes éducatifs les plus performants et les plus équitables au monde, a mis en place un dispositif similaire à l'école, dès la maternelle, et ce depuis quelques années.

Les professeurs finlandais sont tenus d'enseigner l'éducation aux médias et à l'information dans le cadre d'un programme centré sur l'analyse critique. Qui plus est, l'approche finlandaise est transversale. En cours d'art, les élèves analysent des images publicitaires et discutent de vidéos deepfake. En cours d'histoire, les professeurs les invitent à comparer les propagandes de guerre alliée et nazie. En mathématiques, ils discutent de l'utilisation d'algorithmes et des abus de statistiques. En cours de langue, ils découvrent comment les mots peuvent être manipulés et induire en erreur à dessein[15]. Et les résultats sont là : la Finlande est classée tout en haut d'une liste de 41 pays pour sa « capacité de résistance à la désinformation », pour la cinquième fois consécutive selon une étude de l'ONG Open Society Institute. Le gouvernement finlandais affirme publiquement un objectif plus profond : il s'agit d'une arme essentielle pour défendre la démocratie face aux risques d'ingérence étrangère, conserver la confiance du peuple dans les institutions et contribuer à unir la société dans ce pays faiblement peuplé.

Au-delà des frontières de l'école et de l'université, il devient impératif d'offrir une formation adaptée à ceux qui n'ont jamais franchi, ou l'ont fait depuis longtemps, ces étapes, les préparant à naviguer dans notre monde en perpétuelle évolution. Illustrons cela par l'exemple des Pays-Bas : en février 2019, à l'aube des élections du Parlement européen, le gouvernement néerlandais avait entrepris une campagne en ligne de quatre mois destinée à éveiller la conscience de ses citoyens face à la possible prolifération de fake news, tout en leur prodiguant des conseils pour discerner le vrai du faux. Cette initiative, bien que louable, n'est qu'une première étape qui mérite d'être approfondie.

Quelles propositions pour la France ?

À l'image de la Finlande, il faudra former les enseignants à l'éducation aux médias et à la détection des fake news en ligne ainsi qu'aux rudiments algorithmiques. Cette formation devra leur permettre d'intégrer de façon transversale l'enseignement de l'éducation aux médias et la détection des fake news au sein de leur matière, dès la maternelle.

Cette éducation à l'école ne peut suffire, il serait en effet judicieux d'élaborer un module spécifique de lutte contre les fausses nouvelles, intégré au programme de la Journée défense et citoyenneté pour les jeunes dès l'âge de seize ans, ou dans le cadre d'une nouvelle journée de formation citoyenne pour les citoyens plus âgés.

Pour finir, nous manquons en France de données scientifiques sur le sujet, nous devons ainsi investir notre recherche scientifique dans la lutte contre la désinformation en ligne et les ingérences numériques, par le fléchage de crédits de recherche et la création de postes de recherche.

La révolte des justes : armer la résistance des journalistes

La prolifération de l'information a contribué au déclin de la confiance en l'autorité journalistique. Seuls 47 % des Français disent avoir confiance dans le travail des journalistes concernant la politique[16]. Seuls 34 % des Français interrogés pensent que les médias traitent de la même manière l'ensemble des hommes et femmes politiques, peu importe leur bord politique. 61 % pensent le contraire[17]. Pour finir, 57 % des Français considèrent qu'il faut « se méfier de ce que disent les médias sur les grands sujets d'actualité[18] ».

Face à cette méfiance, le métier de journaliste a connu des évolutions significatives ces dernières années. Ces derniers sont de plus en plus conscients de la nécessité de vérifier les faits avant de publier des informations, afin de préserver leur crédibilité et de lutter contre la désinformation. Le terme *fact-checking** a vu le jour aux États-Unis dans les années 1990, désignant un journalisme axé sur la vérification. À l'origine, ce processus ne s'effectuait qu'en interne : au sein du média, l'information transmise par le reporter sur le terrain était hautement contrôlée. Par la suite, il est devenu courant de vérifier publiquement les propos des personnalités politiques, en particulier durant les périodes électorales où les arguments reposent parfois sur des données erronées. Ainsi, le fact-checking occupe une place cruciale dans la vie politique française depuis environ une décennie[19]. Les écoles de journalisme et les médias ont d'ailleurs intégré des formations spécifiques au fact-checking dans leurs cursus, permettant aux journalistes d'acquérir des compétences spécialisées dans la vérification des faits. Certains médias ont même créé des équipes dédiées. Parallèlement, les journalistes collaborent de plus en plus avec des experts et des organisations spécialisées pour valider et contextualiser les informations.

On le voit, cela n'est cependant pas suffisant pour créer un écosystème médiatique solide et indépendant à l'ère de l'IA. Plusieurs mesures supplémentaires s'imposent pour rétablir la confiance des Français.

Il faudrait, d'abord, lutter contre la concentration des médias. La loi du 30 septembre 1986 relative à la liberté de communication, bien que critiquée pour son architecture globale datée, a su maintenir une certaine pertinence en équilibrant la question économique et le respect du pluralisme des médias[20]. Cependant, malgré plus de 100 modifications, elle a perdu en lisibilité et ne traite pas de la question du numérique.

Depuis l'adoption de cette loi, de très grands groupes ont concentré divers médias dans leur giron. Certains de ces groupes – aux mains de grands actionnaires – adoptent un projet économique aux conséquences politiques antidémocratiques. Ils véhiculent volontairement la méfiance envers d'autres médias, tout en jouant sur certaines fake news – quitte à les démentir plus tard, c'est-à-dire trop tard. En contestant publiquement la confiance dans les médias traditionnels, en les rachetant purement et simplement à leurs propres fins, ces hommes politiques qui ne disent pas leur nom concentrent habilement les pouvoirs et cultivent la prolifération des fake news. Cependant, nous manquons d'instruments de mesure adéquats pour quantifier ce phénomène, a fortiori pour les nouveaux médias en ligne. Il serait néanmoins possible de mesurer la concentration du pluralisme de l'information politique et générale, non pas avec les instruments de la loi de 1986, mais avec des indices de mesure comme la « part d'attention ». Proposée par Andrea Prat dans le rapport du centre Stigler[21], cette mesure représenterait le pourcentage du temps consacré par un individu à une source médiatique, divisé par le temps total qu'il consacre à l'ensemble des sources existantes, toutes catégories confondues. Ce rapport y mesure ainsi la part d'attention dans 36 pays et souligne la part encore prépondérante du média télévisé, concurrencé de manière croissante par les réseaux sociaux, en particulier Facebook.

Quelles propositions pour la France ?

Afin de lutter contre la concentration des médias à l'ère numérique et de regagner la confiance citoyenne dans l'information journalistique, il faudra réviser cette loi du 30 septembre 1986 en y intégrant les enjeux numériques.

Il serait judicieux d'étudier la faisabilité d'un examen des concentrations des médias fondé sur cette « part d'attention ». Cette approche, qui intègre une notion numérique à la loi de 1986, considérerait les médias non plus « en silo », mais de manière globale, en mesurant l'attention que les citoyens leur accordent comme source d'information.

Il faudra également armer les journalistes qualifiés comme fiables par une autorité indépendante en les aidant à promouvoir leurs contenus, de manière prioritaire, sur les plateformes.

Les plateformes en ligne et les réseaux sociaux devraient être soumis à une obligation de promotion, via leurs algorithmes, des contenus à caractère informationnel fiables et labellisés comme tels par les organes de presse, sur le modèle de la Journalism Trust Initiative, outil de transparence inédit lancé par l'organisation non gouvernementale internationale Reporters sans frontières et qui vise à promouvoir un journalisme digne de confiance.

L'objectif de la Journalism Trust Initiative est de créer un environnement de confiance pour les consommateurs d'information en établissant des normes de transparence, d'indépendance et de respect des méthodes et de l'éthique journalistiques. Ces normes sont destinées à être utilisées par les organes de presse pour autoévaluer leur conformité. L'initiative vise également à encourager les plateformes numériques et les annonceurs à favoriser les sources d'information qui respectent ces normes, créant ainsi un incitatif économique pour le journalisme de qualité. En d'autres termes, la JTI cherche à récompenser les médias qui s'engagent à respecter les principes du journalisme éthique et responsable.

Les contenus de ces organes de presse labellisés comme fiables apparaîtraient obligatoirement dans les premiers contenus dans un *thread** ou un *feed** de l'utilisateur. Ils seraient également publiquement *tagués* comme fiables et supervisés par une autorité de la communication audiovisuelle et numérique indépendante, placée sous la responsabilité d'un triumvirat Administration/organes de presse/citoyens.

Appuyer là où ça fait mal : agir sur l'écosystème économique des fake news

Les fake news ne sont pas simplement un phénomène de désinformation, elles constituent aussi un *business* extrêmement rentable. Elles sont le produit d'un écosystème qui a su habilement tirer profit de la viralité et de la monétisation des clics sur les plateformes de médias sociaux. Cette rentabilité, qui repose sur l'exploitation des biais cognitifs et des divisions sociales, est le véritable moteur de la prolifération des fake news. Elle permet à certaines entreprises de la tech de générer des milliards de revenus[22]. C'est donc contre cette rentabilité qu'il faut agir.

C'est en s'attaquant à la structure économique qui sous-tend la production et la diffusion des fake news que nous pourrons espérer obtenir des effets durables. Or, la question de l'application du droit de la concurrence doit être posée par la Commission européenne, puisque l'on pourrait défendre que les fake news constituent un instrument de consolidation du pouvoir de marché des plateformes qui les propagent, étant exploitées de manière abusive par les entreprises prédominantes du secteur numérique.

Les fausses informations contribuent à véhiculer des contenus viraux qui maintiennent les utilisateurs sur une plateforme. Plus les utilisateurs passent de temps sur la plateforme et échangent avec du contenu, plus ces réseaux sociaux peuvent collecter des données et attirer les annonceurs désireux de cibler l'attention des consommateurs[23]. Les fake news pourraient ainsi être un moyen de renforcer le pouvoir de marché des plateformes qui les diffusent, et être abusivement utilisées par les entreprises dominantes du numérique pour affaiblir des concurrents et entraver le processus concurrentiel.

Quelle proposition pour la France ?

La Commission européenne doit se saisir de la question de l'application du droit de la concurrence aux fake news et clarifier sa position quant à leur rentabilité. Très concrètement, les standards pour établir un abus en droit de la concurrence sont élastiques, de sorte qu'il est aujourd'hui permis d'estimer que la Commission européenne peut condamner l'utilisation de fake news via l'application de l'article 102 TFUE.

Plus largement, l'Union européenne doit continuer d'impacter l'économie des grandes plateformes en matière de fake news en étant à l'origine de mesures plus directes, de sanctions plus fortes contre les plateformes qui ne mettent pas suffisamment en place cet arsenal de lutte contre la désinformation, qu'il s'agisse de la mise en place d'une taxe anti-fake news ou du renforcement des sanctions financières existantes.

Combattre le feu par le feu : recourir à l'IA

L'IA peut être un outil utile pour détecter et identifier les fake news. Cette perspective est également partagée par la Commission européenne, comme en témoigne son communiqué « Lutter contre la désinformation en ligne : Une approche européenne[24] », tout en mettant en garde contre le risque d'une approche automatisée qui pourrait, par erreur, qualifier de désinformation des contenus véridiques. Il convient également de souligner que l'IA ne doit pas être envisagée comme *l'unique* solution miracle. Loin de là ! En effet, chaque technologie est rapidement surpassée par une autre. L'IA doit être envisagée comme un outil complémentaire précieux, venant s'ajouter aux autres stratégies déjà évoquées.

Le domaine de la détection des fausses informations est en constante évolution. Les chercheurs explorent diverses techniques et cherchent à améliorer les performances, l'efficacité et l'interprétabilité de leurs algorithmes en la matière[25].

L'IA pourrait être particulièrement utile pour contrer les bulles de filtres en permettant l'identification de la bulle dans laquelle un utilisateur évolue et en l'exposant automatiquement à des contenus politiques plus diversifiés que ceux qui ne font que confirmer ses opinions existantes.

Des acteurs privés ont déjà commencé à explorer ces technologies, bien que de manière moins ambitieuse[26] : Microsoft, par exemple, utilise l'IA pour développer des algorithmes fiables destinés à la détection des fausses informations. Des services comme Storyful aident à déterminer la véracité des histoires virales sur divers réseaux sociaux, en utilisant les outils des journalistes et des enquêteurs professionnels. TinEye, un autre service en ligne, permet de vérifier si les images sont réelles ou manipulées en appliquant la rétro-ingénierie et en parcourant les moteurs de recherche pour identifier d'éventuelles correspondances totales ou partielles de ces images.

En somme, l'IA, bien que ne constituant pas une solution miracle, représente un outil prometteur pour lutter contre la propagation des fake news. Son utilisation judicieuse, en complément d'autres stratégies, pourrait contribuer à une meilleure détection et identification de la désinformation.

Conclusion

Et si vous rejoigniez l'armée anti-fake news ?

Lorsque j'interviens sur ce sujet, on me pose régulièrement une même question : comment, à son échelle, être plus vigilant ?

Évidemment, si vous lisez cet ouvrage, c'est que vous vous sentez déjà concerné par le sujet. Toutefois, la connaissance ne protège pas systématiquement contre le risque de donner du crédit à des informations erronées [1]. Ces dernières peuvent s'immiscer dans chaque esprit, en tirant parti de notre manque de vigilance, de notre distraction ou même, il faut bien l'avouer, d'une certaine forme de paresse intellectuelle. En effet, évaluer et analyser une nouvelle information avant de l'accepter ou de la rejeter requiert un effort cognitif plus conséquent que se fier à la première impression qu'elle suscite.

En conclusion, j'aimerais simplement proposer une courte *to-do list* des réflexes utiles à adopter en lisant des informations en ligne – c'est un peu contraignant, mais on les adopte vite :

Vérifiez la source. Faites une recherche Google de la source en cas de doute.

Vérifiez les titres. Utilisez l'outil « fact-check » lors de votre recherche Google.

Vérifiez les *émotions* suscitées par l'information. Les contenus de fausses nouvelles sont souvent conçus pour susciter nos émotions les plus fortes : colère, angoisse, frustration – il est essentiel de prendre un temps de réflexion lorsque quelque chose en ligne provoque une vive réaction émotionnelle.

Vérifiez le *meta texte*. Des messages d'erreur insérés dans le texte sont un signal à ne pas négliger. Par exemple, « impossible de satisfaire cette demande » peut signifier que le texte constitue une violation de la politique d'utilisation de l'outil d'intelligence artificielle. Certains sites avec peu de supervision humaine peuvent omettre de supprimer ces messages.

Vérifier les images. En matière de deepfakes, les mains et les pieds ont très souvent un rendu irréel. La peau est souvent trop lisse. Les yeux et les cheveux peuvent présenter des signes différents de vieillissement. Les lunettes peuvent ne comporter aucun reflet, les yeux ne pas cligner assez souvent…

Ces réflexes semblent bien anecdotiques face aux défis immenses qui nous attendent. Comme pour la crise climatique se pose la question : face aux désordres sociaux ou environnementaux, les petits gestes suffiront-ils à faire advenir les grands changements ?

Oui, si nous sommes 7 milliards à les faire. Il est temps d'agir et d'appeler à l'action : refusons collectivement d'être condamnés à la désinformation.

Glossaire

CHATBOT : Un chatbot est un programme informatique qui simule et traite une conversation humaine, permettant aux humains d'interagir avec des terminaux digitaux comme s'ils communiquaient avec une personne réelle.

CHATGPT : ChatGPT (Chat Generative Pretrained Transformer), est un agent conversationnel utilisant l'intelligence artificielle générative, développé par OpenAI et spécialisé dans le dialogue.

CLICKBAIT : « Clickbait » signifie « appât à clics » et désigne la pratique de création ou de rédaction publicitaire qui vise à maximiser, de manière abusive, le nombre de clics enregistrés sur un lien, un post ou une annonce publicitaire en le rendant attrayant – quitte à ce qu'il soit faux. Cette technique vise à augmenter le trafic et à accroître l'engagement sur les publications afin de favoriser leur visibilité et par conséquent leur monétisation.

DALL-E : DALL-E est un programme d'intelligence artificielle générative, développé par OpenAI, capable de créer des images à partir de descriptions textuelles.

DEEPFAKE : Le deepfake est une abréviation de « Deep Learning » (apprentissage profond) et « Fake » (faux), qui fait référence à des contenus faux et générés par de l'intelligence artificielle rendus profondément crédibles par la superposition de fichiers vidéo ou audio existants sur d'autres fichiers vidéo ou audio afin de changer le visage d'une personne ou de reproduire la voix d'une autre pour lui faire faire ou dire des choses inventées.

FACT-CHECKING : Le fact-checking, ou vérification des faits en français, est un processus qui consiste à examiner et à valider l'exactitude des informations, des déclarations ou des affirmations présentées dans diverses sources, telles que les médias, les discours politiques ou les réseaux sociaux. L'objectif du fact-checking est de lutter contre la désinformation, les fausses nouvelles et les idées fausses en fournissant des informations précises et fiables au public. Les vérificateurs de faits utilisent souvent des sources crédibles, des données et des preuves factuelles pour étayer leurs conclusions et aider les lecteurs à distinguer les faits des opinions ou des rumeurs.

FEED : Un feed (ou « fil d'actualité » en français) est un flux continu de contenus provenant de différentes sources, généralement présenté sur les réseaux sociaux, les sites d'actualités ou les blogs. Le fil d'actualité compile et affiche les publications, les articles, les images, les vidéos et d'autres types de contenus en fonction des préférences de l'utilisateur, de ses abonnements ou de ses centres d'intérêt.

GAFAM : Cet acronyme renvoie aux cinq plus grandes plateformes numériques : Google, Apple, Facebook, Amazon et Microsoft.

INTELLIGENCE ARTIFICIELLE GENERATIVE : L'intelligence artificielle générative est une catégorie d'intelligence artificielle qui se concentre sur la création de données, de contenu ou de choses artistiques, qui ressemblent à ce qui peut être créé par des êtres humains, mais de façon autonome et indépendante.

LLM : Un LLM (ou *large language model* / grand modèle de langage) est une sorte de programme d'intelligence artificielle qui, entre autres fonctions, est capable de comprendre et de produire du texte. Les LLM sont formés à partir de vastes ensembles de données, d'où l'utilisation du terme *large* (signifiant grand). Ces modèles s'appuient sur l'apprentissage automatique, en particulier un type de réseau de neurones connu sous le nom de modèle transformateur.

MICROCIBLAGE : Initialement stratégie de marketing, le microciblage désigne désormais plus généralement l'analyse de données et leur utilisation pour adapter des messages, des produits ou des services à des groupes ou à des individus spécifiques au sein d'un public plus large. Cette approche permet aux entreprises mais aussi aux politiques de créer un contenu plus personnalisé et pertinent, ce qui peut conduire à des taux d'engagement et de conversion plus élevés. Le microciblage fait souvent appel à l'analyse de données, aux informations démographiques et aux comportements des consommateurs et utilisateurs pour identifier et atteindre les segments d'audience les plus réceptifs.

THREAD : Un *thread* (ou « fil » en français) est un terme utilisé pour décrire une série de messages ou de commentaires liés les uns aux autres, généralement dans un contexte de forum de discussion, de réseau social ou de plateforme de messagerie. Un thread débute généralement par un message initial, appelé « post », auquel d'autres utilisateurs peuvent répondre en ajoutant leurs propres commentaires ou réactions.

Remerciements

Un grand merci à Jacques Attali, Mathieu Carton, Diana Filippova, Noémie Amirou et Aude Kerivel pour leur relecture attentive, à Sophie de Closets d'avoir accepté de créer la collection France Positive chez Flammarion ainsi qu'à Anavril Wollman de la même maison d'édition.

Les opinions exprimées dans cet ouvrage sont celles de l'auteur et ne reflètent en aucun cas les opinions de France Positive, des institutions, organisations et entreprises pour lesquelles l'auteur travaille.

Notes

INTRODUCTION : L'IA, ARME SECRÈTE DES FAKE NEWS

1. Christophe Asselin, « Vaccins et Covid : les fake news les plus fréquentes sur les médias sociaux en France », *Digimind*, 26 janvier 2021.

2. Joshua Habgood-Coote, « The term “fake news” is doing great harm », *The Conversation*, 27 juillet 2018, tel que cité dans Jeannette Paschen, « Investigating the emotional appeal of fake news using artificial intelligence and human contributions », *Journal of Product & Brand Management*, vol. 29(1), 2019.

3. Edson C. Tandoc, Zheng Wei Lim et Richard Ling, « Defining “Fake News” : A typology of scholarly definitions », *Digital Journalism*, vol. 6, n° 2, 2018, p. 137-153.

4. Ethical Journalism Network, « Fake News : The Hidden Face of Influence on Business and Democracy », cité dans Jeannette Paschen, *op. cit.*

5. *Ibid.*
6. *Ibid.*
7. Andreas M. Kaplan et Michael Haenlein, « Users of the World, Unite ! The Challenges and Opportunities of Social Media », *Business Horizons*, vol. 53(1), 2010, p. 59-68.

LE RÈGNE DE LA DÉSINFORMATION

1. Vladimir Volkoff, *Petite histoire de la désinformation : du Cheval de Troie à Internet*, Éditions du Rocher, 1999.
2. Sun Tzu, *L'Art de la guerre*.
3. Pour tout savoir sur la révolution de l'imprimerie, lire Jacques Attali, *Histoires des médias. Des signaux de fumée aux réseaux sociaux, et après*, Flammarion, 2023.
4. Podcast « La désinformation… au temps de la Révolution », Radio France, 21 février 2023.
5. Jeannette Paschen, « Investigating the emotional appeal of fake news using artificial intelligence and human contributions », *op. cit.*
6. Nathalie Dens et Patrick De Pelsmacker, « How advertising strategy affects brand and USP recall for new brands and extensions », *International Journal of Advertising*, vol. 29, nº 2, 2010, p. 165-194, tel que cité dans l'ouvrage de Jeannette Paschen, *op. cit.*
7. Lucy Wang, Arthi Ramachandran et Augustin Chaintreau, « Measuring Click and Share Dynamics on Social Media : A Reproducible and Validated

Approach », *Proceedings of Tenth International AAAI*, Conference on Web and Social Media, AAAI Publications, 2016, tel que cité dans l'ouvrage de Jeannette Paschen, *op. cit.*

8. Giuliano Da Empoli, *Les Ingénieurs du chaos*, JC Lattès, 2019.

9. Soroush Vosoughi, Deb Roy et Sinan Aral, « The spread of true and false news online », *Science*, vol. 359, 2018.

10. Gordon Pennycook et David G. Rand, « Fighting misinformation on social media using crowd-sourced judgments of news source quality », *Proceedings of the National Academy of Sciences*, 116(7), 2019.

11. Hunt Allcott et Matthew Gentzkow, « Social Media and Fake News in the the 2016 Election », *Journal of Economic Perspectives*, vol. 31(2), 2017, p. 211-236.

12. W. Lance Bennett et Steven Livingston, « The disinformation order : Disruptive communication and the decline of democratic institutions », *European Journal of Communication*, vol. 33(2), 2018, p. 122-139.

L'IA, COMPLICE OU SAUVEUR ?

1. Sander van der Linden, « AI-Generated Fake News Is Coming to an Election Near You », *Wired*, 22 janvier 2024.

2. « AI Chatbots Spreading Fake News ? ChatGPT, Google Bard Producing News-Related Misinformation, Finds Report », *Technology*, 2023.

3. Andrés Montoro-Montarroso et al., « Fighting disinformation with artificial intelligence : fundamentals, advances and challenges », *Profesional de la información*, vol. 32(3), 2023.

4. Raghu Raman et al., « Fake news research trends, linkages to generative artificial intelligence and sustainable development goals », *Heliyon*, vol. 10, 2024.

5. Sander van der Linden, *Foolproof : Why Misinformation Infects Our Minds and How to Build Immunity, W. W. Norton & Company*, 2023.

6. Giovanni Spitale et al., « AI model GPT-3 (dis) informs us better than humans », *Science Advances*, vol. 9(26), 2023.

7. « Infographie. Quels pays votent en 2024 et quand votent-ils ? », *Courrier International*, 2024.

8. World Economic Forum, *The Global Risks Report 2024, 19th* edition, 2024.

9. Tom Dobber et al., « Do (Microtargeted) Deepfakes Have Real Effects on Political Attitudes ? », *The International Journal of Press/Politics*, vol. 26(1), 2021, p. 69-71.

10. Nazar Syvak, « AI deepfakes and EU politics : is there a threat to democratic procedures ? », *Eu Neighbours East*, 28 février 2024.

11. Curt Devine et al., « A fake recording of a candidate saying he'd rigged the election went viral.

Experts say it's only the beginning », *CNN*, 1er février 2024.

NOS PILIERS DÉMOCRATIQUES EN PÉRIL

1. David M. J. Lazer, et al., « The Science of Fake News », *Science*, vol. 359, nº 6380, 2018, p. 1094-1096.

2. Michael P. Lynch, « Les *fake news* et l'avenir de la vérité », *Diogène*, nº 261-262, 2018, p. 5-19.

3. Jennifer Cassidy, « How Post-Truth Politics Transformed and Shaped the Outcome of the 2016 Brexit Referendum », *Democracy and Fake News*, (dir. Serana Giusti et Elisa Piras), Routledge, 2020.

4. *Ibid*, p. 56.

5. What UK Thinks, sondage 11 juin 2016.

6. Stephan Lewandosky et al., « Misinformation and Its Correction : Continued Influence and Successful Debiasing », *Psychological Science in the Public Interest*, vol. 13, nº 3, 2012, p. 106-131.

7. Alice Hazelton, « Once Upon Covid-19, A tale of misleading information going viral », *Democracy and Fake News*, (dir. Serana Giusti et Elisa Piras), *op. cit.*

8. Organisation mondiale de la santé, 29 novembre 2020.

9. National Center for Immunization and Respiratory Diseases. Division of Viral Diseases, « Understanding mRNA COVID-19 Vaccines », *Centers for Disease Control and Prevention*, 2021.

10. Francesco Pierri, Brea L. Perry, Matthew R. DeVerna et al., « Online misinformation is linked to early COVID-19 vaccination hesitancy and refusal », *Scientific Reports*, vol. 12, 2022.

11. Marie Zekri, « 37 % des Français se considèrent climatosceptiques », *National Geographic*, 22 juin 2023.

12. Manya Steinkoler, « *Mar a Logos* : L'élection de Trump et les *fake news* », *Savoirs et clinique*, n° 23(2), 2017, p. 23-33.

13. Sarah Kreps et Doug L. Kriner, « How AI Threatens Democracy », *Journal of Democracy*, 2020.

14. *Ibid.*

15. Sarah Kreps et Doug Kriner, « The Potential Impact of Emerging Technologies on Democratic Representation : Evidence from a Field Experiment », *New Media & Society*, 2023.

16. « Artificial Intelligence and the End of Accountability », *MIT Technology Review*, 2020.

17. Amy Mitchell et al., « Distinguishing Between Factual and Opinion Statements in the News », *Pew Research Center*, 2018.

18. Eurobaromètre, « Public Opinion in the European Union », 2020.

19. « American Views : Trust, Media and Democracy », *Knight Foundation*, 2018.

20. Matthew Loveless, « Fake news as emotional weapon », *Democracy and Fake News,* (dir. Serana Giusti et Elisa Piras), *op. cit.*

21. *Ibid.*

22. Hannah Arendt a fait les commentaires suivants en 1974 lors d'une interview avec l'écrivain français Roger Errera, cf. « Hannah Arendt : From an Interview », *The New York Review*, 26 octobre 1978.

23. Walter Lippmann, *Public Opinion*, Harcourt, Brace&Co, 1922.

L'URGENCE D'UNE CONTRE-ATTAQUE

1. Sharon Galantino, « How Will the EU Digital Services Act Affect the Regulation of Disinformation ? », *Scripted*, vol. 20(1), 2023.

2. *Code de bonnes pratiques contre la désinformation,* 2018.

3. Commission européenne, Direction générale des réseaux de communication, du contenu et des technologies, *A multi-dimensional approach to disinformation – Report of the independent High level Group on fake news and online disinformation*, Office des publications de l'Union européenne, 2018.

4. Commission européenne, « Minutes of the Fourth Meeting of the Multi-Stakeholder Forum on Disinformation », 17 septembre 2018.

5. *Code de bonnes pratiques contre la désinformation*, 2022.

6. *Règlement du Parlement européen et du Conseil du 19 octobre 2022 relatif à un marché unique des services numériques et modifiant la directive 2000/31/CE* (Digital Services Act), 2022/2065.

7. *Règlement du Parlement européen et du Conseil établissant des règles harmonisées concernant l'intelligence artificielle* (Artificial Intelligence Act), 2021/0106.

8. Francesca Giannaccini et Tobias Kleineidam, « How the EU's soft touch on open-source AI opens the door to disinformation », *The Parliament*, 16 avril 2024.

9. Anirban Bhaumik, « Disinformation, deepfakes are socio-political, not technological, problem », *Deccan Herald*, 8 mars 2024.

10. Kim Fridkin et al., « Liar, Liar, Pants on Fire: How Fact-Checking Influences Citizens' Reactions to Negative Advertising », *Political Communication*, vol. 32 (1), 2015, p. 127-151.

11. Xichen Zhang, Ali A. Ghorbani, « An overview of online fake news : Characterization, detection, and discussion », *Information Processing & Management*, vol. 57(2), 2020.

12. Bérengère Viennot, « Quatre Français sur dix admettent ne pas avoir d'esprit critique », *Slate*, 2 avril 2023.

13. Lisa Soetekouw et al., « Digital Resilience Through Training Protocols : Learning To Identify

Fake News On Social Media », *Information System Fontiers*, vol. 26, 2022, p. 459-475.

14. *Ibid*, annexe I, traduction proposée par l'auteur.

15. Ian Birrell, « How Finnish schools teach every child to spot fake news – and what UK parents could learn from them », *iNews*, 24 mai 2023.

16. Baromètre Viavoice, *Les Assises du journalisme*, 2023, en partenariat avec Radio France.

17. La Rédaction numérique de France Inter, « Médias : moins d'un Français sur deux dit avoir confiance dans le travail des journalistes sur la politique », France Inter, 7 mai 2022.

18. Selon la 37e édition du baromètre *La Croix*-Kantar Public sur la confiance des Français dans les médias.

19. François-Bernard Huyghe (dir.) et al., « Comment lutter contre l'infodémie, Dossier numéro 6, le virus du faux », *IRIS*, mars 2021.

20. Commission d'enquête du Sénat, « À l'heure du numérique, la concentration des médias en question ? », *Rapport nº 593 (2021-2022)*, t. I, 2022.

21. Stigler Center News, *Stigler Committee on Digital Platforms : Final Report*, 2019.

22. Walid Chaiehloudj, « Fake news et droit de la concurrence : réflexions au prisme des cas Facebook et Google », *Revue internationale de droit économique*, t. XXXII, 2018, p. 17-40.

23. Sally Hubbard, « Fake News is a Real Antitrust Problem », tel que cité dans l'article de Walid Chaiehloudj, *op. cit.*

24. Commission européenne, « Lutter contre la désinformation en ligne : Une approche européenne », 2018.

25. Maialen Berrondo-Otermin et Antonio Sarasa-Cabezuelo, « Application of Artificial Intelligence Techniques to Detect Fake News : A Review », *Electronics*, vol. 12(24), 2023.

26. Andreas Kaplan, « Artificial Intelligence, Social Media, and Fake News : Is This the End of Democracy ? », *Media & Society*, 2020.

ET SI VOUS REJOIGNIEZ L'ARMÉE ANTI-FAKE NEWS ?

1. Voir par ex. L. K. Fazio et al., « Creating Illusions of Knowledge : Learning Errors That Contradict Prior Knowledge », *Journal of Experimental Psychology* : *General*, vol. 142(1), p. 1-5, cité dans Gérald Bronner, *Les Lumières à l'ère numérique*, Rapport de la Commission du même nom, 2022.

Table

Cet ouvrage a été mis en page par IGS-CP
à L'Isle-d'Espagnac (16)

Achevé d'imprimer en septembre 2024
par Normandie Roto Impression s.a.s.
61250 Lonrai
N° d'impression : 2403566
N° d'édition : 642312-0
Dépôt légal : octobre 2024

Imprimé en France